QUI PAIE L'IMPOT.

QUI PAIE
L'IMPOT

ET ACCESSOIREMENT

QUELLES SONT LES CONSÉQUENCES DE CETTE QUESTION ÉCONOMIQUE

SUR LE PRINCIPE

DE LA RÉFORME ÉLECTORALE ?

BIBLIOTHÈQUE ROYALE
I

PAR UN ÉLECTEUR.

PARIS,

AU BUREAU DE LA SOCIÉTÉ BIBLIOPHILE,

RUE DE L'ÉCOLE-DE-MÉDECINE, 4.

1846

INTRODUCTION.

Si on lit attentivement les écrits des économistes jusqu'à nos jours, si on feuillette leurs nombreux volumes, on les voit, au lieu de s'attacher à l'unique et véritable objet de l'économie politique (1), au lieu de rechercher activement les moyens d'organiser nos sociétés prétendues, on les voit s'égarer à plaisir dans le labyrinthe des phénomènes sociaux; on les voit accepter comme immuables, comme nécessaires toutes les sottises, tous les abus et tous les faits établis au profit de puissans intérêts; on les voit, tant leur esprit est incarcéré dans ses propres illusions, prendre la régularité pour l'anomalie, si-

(1) *Économie politique* vient du grec οικονομια, οικος, maison, νομος, règle, et πωλις, ville, cité : réglement de la ville, de la cité ou de l'État. L'économie politique est donc la science de l'organisation des États. Combien ils l'ont défigurée !

gnaler un certain ordre au sein de la confusion, et, chose étrange! faire parade de leur positivisme, de leur bon sens pratique, parce que, disent-ils, ils ne rejettent rien et tiennent compte de tout. On reste frappé de la stérilité de leurs longues et insignifiantes dissertations sur la formation de la rente, sur le crédit, les banques, les monnaies, sur la circulation des capitaux, la libre concurrence, la mobilité des valeurs, les inégalités de l'offre et de la demande, l'importance des débouchés, sur l'aumône, les prisons, l'accroissement de la population, etc. Vainement le patient lecteur voudrait y trouver au moins une fidèle peinture de la réalité. Tantôt, par esprit d'intérêt individuel ou de caste, ils la présentent sous un jour faux et à leur convenance; tantôt des idées préconçues, admises avec une incompréhensible légèreté, viennent toujours répandre comme une ombre sur leurs pensées et ternir à leur insu la clarté de leurs meilleures pages. Faute de se placer assez haut et d'écarter de leur étude toutes les préventions, même celles de l'intérêt, ils ne dominent pas les faits, ne les embrassent point dans leur vaste ensemble et sous toutes leurs faces. De là la grande faiblesse d'observation qui souvent caractérise leurs œuvres ; de là leur pénible et ténébreuse verbosité, considérée comme *profondeur* par certaines gens si portés à admirer, jusqu'à la venération, ce qui est inintelligible. Sans doute leur langage est profond, mais c'est la profondeur du gouffre au fond duquel nul ne voit ou ne saurait dire ce qu'il voit. On s'attendrait plus vainement encore à y rencontrer l'indication des règles suivant lesquelles pourrait être rétablie la vicieuse économie des nations. On notera bien çà et là, épars, de petits aperçus; ils signalent parfois de petits abus à réprimer, de petites réformes à introduire, fragiles étais peu propres à soutenir un édifice qui menace ruine, projets mesquins dont la réalisation accomplie tout à coup comme par enchantement ne changerait guère le triste aspect de ce monde!

Il est impossible d'en disconvenir et déjà beaucoup l'ont remarqué, les travaux des économistes n'offrent encore aucune conclusion définitive et satisfaisante. D'où provient cette infécondité? quelle en est donc la cause? Selon nous, il ne faut pas la chercher ailleurs que dans la méthode radicalement défectueuse avec laquelle ils procèdent dans leurs investigations. Dès que Bacon eut introduit la méthode d'observation dans les sciences dites *naturelles*, elles eurent bientôt secoué leurs monstrueuses et ridicules théories : nul n'ignore avec quelle rectitude, avec quelle ferme précision elles ont marché, depuis ce grand réformateur, vers les plus brillantes et les plus merveilleuses découvertes. Malheureusement les sciences dites *morales* n'ont pas encore éprouvé, d'une manière aussi sensible, une aussi bienfaisante révolution. Elles sont demeurées engagées dans les entraves d'une foule de préjugés, maintenus non seulement, il est vrai, par l'ignorance, mais encore par l'intérêt qui ne lâche guère prise. Or, l'économie politique, tout aussi bien que le droit, la morale, l'histoire, la philosophie, a croupi dans un état de stagnation presque désespérant. Les lois de la nature y sont méconnues et font place à d'autres lois factices, à des institutions subversives de toute équité; l'observation n'y joue qu'un rôle bien secondaire ; elle y est l'humble servante du sophisme, elle qui devrait, au contraire, y régner en souveraine absolue. Bien plus, comme s'ils avaient craint d'arriver à quelque conclusion précise, ils se sont empressés de limiter eux-mêmes leur champ d'exploration, de le rendre le plus étroit possible; ils ont posé comme axiome qu'il *n'y a rien d'absolu dans les sciences morales ;* et prenant le pêle-mêle, le désordre de leur esprit pour celui de la réalité, ils ont affirmé que les phénomènes de la vie sociale ne présentent à l'observateur qu'un tableau mobile et varié à l'infini, par conséquent, rien de saisissable : ils ont même érigé en dogme que la *plupart de nos maux sont nécessaires et l'œuvre d'une impérieuse fatalité.* Ces deux erreurs fondamentales une fois admises, tout se trouvait à peu près terminé. Comment dépasser l'horizon borné qu'on s'était imposé? Comment voir à travers le bandeau qu'on avait placé sur ses yeux? Comment ne pas tourner et retourner perpétuellement dans le même cercle d'idées préconçues qu'on avait tracé autour de soi? Comment l'économie politique aurait-elle pu acquérir de la science plus que le nom? Comment n'aurait-elle pas dégénéré à peu près en pure logomachie, en art d'écrire et de parler sans rien dire?

Toutefois, gardons-nous de nous montrer ingrats. Sachons gré au plus grand nombre de leur bonne foi et des efforts qu'ils ont faits pour se dégager d'une atmosphère d'erreurs qui comprime les esprits de toute sa lourde masse. Considérons que de nombreux et redoutables intérêts ont constamment encombré le terrain d'inutiles matériaux, afin de rendre impossible l'élévation de l'édifice scientifiqne. D'une part, envisageons les énormes difficultés, de l'autre, reconnaissons franchement que la masse des travaux économiques contient en germe quelques idées fécondes pour l'avenir. N'oublions pas que chaque science a son berceau, sa longue enfance; et, comme on sait, celle-ci est de fraîche origine. Rendons grâce aux économistes de lui avoir fait passer l'âge des superstitions, des contes puérils, des naïvetés ingénues ou malicieuses, et hâtons-nous au plus vite de préparer son avénement à l'âge de virilité.

Le temps est venu de recourir à une méthode plus rigoureuse, si on veut sérieusement déblayer et édifier. Et tout d'abord la distinction des sciences, en sciences morales et en sciences naturelles, devrait s'effacer au moins sous le rapport des procédés à employer ; les premières devraient se servir désormais du même moyen d'exploration pour atteindre la même exactitude, la même fixité absolue dans les résultats. N'ont-elles pas les unes et les autres, des faits pour objet, et rien que des faits? Ces faits ne sont-ils pas également saisissables et soumis à des lois aussi précises, aussi susceptibles d'être contenues dans une formule générale? Leur absolue diversité n'apparaît uniquement qu'au mauvais observateur. Mais l'esprit qui sait classer et généraliser les faits sociaux, rattache bien les effets à leurs vraies causes, et aperçoit dans leur enchaînement la plus constante uniformité. Si ces sciences ont un objet identique, comment, dès lors, concevoir qu'elles emploient à sa recherche des procédés divers ? N'est-on pas naturellement conduit à convenir qu'elles ne peuvent avoir qu'un même instrument d'investigation ? Or, cet instrument, n'est-ce pas tout simplement l'observation, l'observation armée, si l'on peut s'exprimer ainsi, de tous les organes naturels et artificiels, surtout l'observation sans aucune idée préconçue, désintéressée, calme, impartiale et sévère? Voyez donc le physiologiste étudier les lois vitales des êtres organisés, le chimiste expérimenter certains corps pour en connaître les propriétés, le mécanicien combiner entre elles les forces de la nature afin de créer quelque machine ingénieuse : nulle préoccupation étrangère à leur sujet ne vient troubler leur esprit. L'intérêt ou la crainte, aucune passion enfin ne préside à leurs classifications. Ils ont soin surtout de ne rien admettre qui ne soit sensiblement démontré, qui ne soit à tous palpable et tangible ; ce qui est douteux, ce qu'une série de faits ou d'expériences ne vient pas appuyer, est par eux relégué au chapitre des plus ou moins grandes probabilités. Pourquoi l'économiste, le philosophe..., etc., en agissent-ils différemment? pourquoi demeurent-ils enveloppés de préjugés et d'idées irréfléchies? pourquoi leurs travaux n'offriraient-ils pas la même impassibilité, la même empreinte de vérité et de précision? Lorsqu'ils observent l'homme individuellement ou en société, n'est-ce pas toujours la réalité qu'ils s'efforcent de saisir ; n'est-ce pas toujours le livre de la nature qu'ils étudient, et y a-t-il deux manières de lire en ce livre? Dès qu'ils voudront, à l'exemple des physiciens et des naturalistes, tout passer au creuset de la plus stricte observation, ils ne tarderont pas à voir bien des erreurs disparaître comme des fantômes, et laisser à découvert la saisissante vérité ; ils sentiront notamment combien est mensonger ce prétendu dogme de la nécessité du mal, tant proclamé par toutes les religions et par les mécréans fatalistes. A la religion qui nous dit : *Dieu envoie les maux à l'homme pour l'éprouver et lui faire mériter une meilleure vie*, on a déjà répondu : Pourquoi les répand-il inégalement sur tous les hommes, qui pourtant sont égaux et frères devant lui ? A son dogme *des récompenses éternelles proportionnées aux souffrances*, l'infortuné objecte aujourd'hui qu'il préférerait le sort des heureux de la terre : un peu plus de joies ici bas, un peu moins de bonheur outre-tombe. Quand les religionnaires aux abois se retranchent alors dans la volonté absolue *d'un Dieu tout-puissant*, on leur réplique avec raison que c'est retomber dans le fatalisme outré des incrédules. A ces mécréans qui répètent sans cesse : *Les maux sans nombre qu'endure l'humanité ont toujours existé et ils existeront toujours, car c'est l'irrésistible fatalité qui régit le monde*, il est aisé de répondre : Eh quoi ! nous franchissons l'espace au moyen de la vapeur, nous pouvons, avec l'électricité, communiquer au loin notre pensée en quelques secondes, des aérostats nous élèvent dans les airs, la foudre est par nous soutirée des nuages, nous faisons disparaître les maladies endémiques des différentes localités, quand il nous plaît d'employer les moyens convenables d'assainissement : en un mot, nous modifions en mille sens divers la réalité extérieure, nous la travaillons à notre profit, nous la manipulons en quelque sorte au gré de notre intelligence, et nous serions impuissans à améliorer notre condition sociale, nous ne pourrions, dans les limites de la nature, l'enlaidir ou l'embellir, nous faire nous-mêmes les propres auteurs de notre malheur ou de notre bonheur! Nous vivrions le jouet de je ne sais quel être fictif, imaginaire qu'ils ont appelé *fatalité*, reine ou fée capricieuse, dont la principale fantaisie serait de prodiguer ses sourires et ses faveurs à quelques uns, tandis qu'elle déverserait tout son courroux sur la multitude! En vérité, votre désolante doctrine et votre sombre prophétie, vues de près, se transforment en un joli conte, propre à amuser les enfans. Que les intérêts dominateurs de ce monde, pour conserver exclusivement leur avantageuse position, proclament bien haut et vulgarisent cette ridicule croyance à la place des croyances religieuses, qui malgré eux s'en vont avec leurs anciens prestiges; que, sans redouter la contradiction, ils la proclament même, tout en reconnaissant d'autre part à l'homme un libre arbitre, tout en le rendant responsable de certains actes qu'ils ont déterminé, cela se conçoit : pour eux la fatalité, c'est la bienfaisante fatalité ! Que le faible malheureux accepte avec empressement et résignation cette stupide explication de sa misère, cela se conçoit encore : le bandeau de l'ignorance qui couvre ses yeux l'empêche d'en entrevoir la cause plus réelle et facile à vaincre ! Mais ceux qui, repoussant les vains sophismes, voudront juger des choses avec le calme et l'indépendance qu'inspire leur étude, reconnaîtront sans peine que ce dogme de la nécessité du mal n'est qu'une de ces mille chimères dont on a peuplé les esprits ; ils reconnaîtront que l'homme, ayant lui-même autant dévié des lois naturelles, qui sont la condition essentielle du complet développement de son être, montre par là combien est encore grand le cercle vraiment infranchissable, fatal, si on veut, dans lequel il peut se mouvoir, et modifier en bien ou en mal sa variable existence. Ils se diront avec nous que le seul obstacle à la dispersion des maux qui torturent la grande partie du genre humain, c'est partout l'homme avec son égoïsme sans bornes d'une part, et de l'autre avec son profond aveuglement.

Peut-être même est-il vrai de voir dans l'ignorance la cause principale du profond malaise qui agite les peuples, les entretient dans leur fiévreuse insomnie, et les pousse en empirant vers des crises terribles. Γνωτι σεαυτον : *Connais-toi toi-même,* inscrivait la sagesse antique sur le frontispice de ses temples; admirable conseil qu'elle adressait à l'homme individuel, et qui s'adresserait fort bien aux sociétés. Que les économistes qui veulent sincèrement travailler au bonheur des nations commencent donc par leur apprendre à se connaître; que, munis du flambeau de la saine observation, ils ne se lassent point de tout mettre en vive lumière; qu'ils ne cessent de décrire avec une franche impartialité la situation anormale, la juxta-position d'intérêts opposés que l'on décore gratuitement du nom de société; qu'ils explorent pièce à pièce toutes les parties de ce singulier organisme; qu'ils montrent leur engencement, par quel mécanisme elles fonctionnent et réalisent les faits de la vie sociale. Une fois les peuples éclairés, l'intelligence ne leur fera pas défaut, les plans de réorganisation ne manqueront pas. De leurs peintures, fidèles expressions de la réalité, ressortiront forcément, d'abord les imperfections d'une société encore informe, à peine à l'état de simple ébauche, en second lieu, les moyens et la hardiesse de la modifier avantageusement.

Ce petit ouvrage que nous offrons au lecteur n'a pas d'autre esprit, pas d'autre but. Nous y décrivons un des grands phénomènes sociaux : *la levée de l'impôt.* Nous examinons, non au point de vue législatif, mais au point de vue économique, qui paie l'impôt. On trouvera qu'en définitive il n'est point payé par ceux qui paraissent le payer. On verra que sur ce point, comme sur tant d'autres, les faits contredisent une législation trop souvent vaine et mensongère ; car, pour emprunter le langage spirituel de M. Cherbuliez, l'un de nos plus clairvoyans économistes : « Le fisc est un mauvais tireur ; s'il écrit sur sa flèche : *A l'œil de Philippe*, c'est le bras ou la jambe qu'il atteint. » En démontrant que l'impôt revient au moins en majeure partie à ceux qui le fournissent réellement, il serait possible de soutenir à la rigueur qu'ils ne le paient pas. Mais malheureusement l'inspection du budget des dépenses ne permet point une pareille assertion, et il résultera du second chapitre, où ceci sera examiné, que ceux qui paient l'impôt en retirent fort peu et par conséquent le *paient* bien intégralement, selon toute a force de l'expression. Enfin, après ce coup d'œil rapide sur les faits, après avoir vu de quels membres de la nation se tire l'impôt et quel emploi il en est fait, nous hasardons, dans un troisième et dernier chapitre, quelques réflexions sur l'emploi que l'on pourrait en faire. Nous ne prétendons pas épuiser toutes celles que pourrait suggérer un aussi grave sujet. Nous tâchons simplement d'y donner l'essor à la pensée du lecteur, et nous espérons qu'il ne nous en saura pas mauvais gré. Dans tout le cou s de cet exposé, nous n'avons en vue que la

France, notre pays, ainsi qu'on ne manquera pas de s'en apercevoir; mais les faits économiques dont nous nous occupons tiennent trop profondément à l'organisation sociale pour être étrangers aux autres nations. Le lecteur intelligent saura bien les généraliser et même les étendre, à plus forte raison, à celles qui présentent dans leurs constitutions les mêmes vices encore plus prononcés. Au reste, nous le disons en terminant cette introduction, ce petit ouvrage ne contient pour ainsi dire que des faits très connus, sinon appréciés de tous. Nous nous sommes efforcé de les reproduire avec la plus minutieuse fidélité et d'en signaler l'enchaînement tel qu'une froide observation peut le faire apparaître à tous les yeux. Le plus souvent nous les laissons parler et nous ne mêlons guère notre voix à la leur; si leur langage plaît ou déplaît, ce sera donc tout à fait indépendant de notre vouloir, à moins qu'on ose nous reprocher d'avoir soulevé le coin du voile qui en dérobe aux regards la véritable cause.

QUI PAIE L'IMPOT?

CHAPITRE PREMIER.

Qui paie l'impôt?

C'est le consommateur, ont affirmé quelques économistes des plus avancés, puisque l'impôt, qu'il soit direct ou indirect, vient toujours, en définitive, grever les objets de consommation. Ensuite, sur cette prétendue vérité, ils ont fait ce raisonnement : Comme la consommation a lieu en proportion de l'avoir de chacun, il en résulte que le paiement de l'impôt s'effectue dans la même proportion, et qu'ainsi les faits économiques dans leur aspect général réalisent parfaitement la théorie de l'impôt proportionnel, consacré par l'article 2 de la Charte : *Les Français contribuent indistinctement dans la proportion de leur fortune aux charges de l'État.* De telle sorte qu'en envisageant les choses à ce point de vue, nos publicistes n'auraient nul besoin de s'ingénier à trouver les moyens d'établir la proportionalité de l'impôt ; ils auraient tort surtout de déplorer l'impossibilité de l'appliquer jamais d'une manière absolue, puisqu'en dehors de leurs plans inutiles, la pratique de la vie mène à ce but tant désiré, puisque ces mêmes plans de législation n'aboutissent qu'à désigner ceux qui seront chargés de verser, mais non procurer au trésor le montant annuel de l'impôt.

Apprécier la valeur comme théorie de l'impôt proportionnel, de cette règle qui émerveille encore tant d'esprits par l'idée spécieuse de justice qu'elle semble contenir, n'entre aucunement dans la tâche que nous entreprenons. Disons seulement que sa justification devient fort douteuse, si on médite tant soit peu sur la solution des questions suivantes : Pourquoi une minorité des membres de l'État possède-t-elle seule toute la richesse? Pourquoi, en raison de cette possession exclusive, l'astreindre seule à contribuer proportionnellement aux charges de l'État. Si cette possession se fonde sur un droit naturel absolu, une telle contrainte ne le viole-t-elle pas au préjudice des possesseurs et au profit de la masse qui ne possède rien? Si cette possession ne dérive que de l'ordre de choses établi, comment et pourquoi en dérive-t-elle? Pourquoi est-elle limitée par l'obligation de supporter proportionnellement l'impôt?

Quoi qu'il en soit du mérite attribué à ce mode d'après lequel les impositions sont levées, les économistes, faisant à cette question : *Qui paie l'impôt?* la réponse suivante : *C'est le consommateur*, ont commis une erreur d'observation vraiment capitale; de là surgit la fausse conséquence qu'ils en ont déduite, car les erreurs s'enchaînent les unes aux autres, comme les vérités. Tout en cherchant la vraie réponse à notre question, nous montrerons toute l'étendue de leur méprise; nous prouverons que leur énonciation ne renferme nullement un fait avéré, et que dès lors la théorie de l'impôt proportionnel ne se trouve pas plus réalisée par la force des choses qu'elle ne peut l'être en vertu d'une législation qui n'atteint guère, comme on verra, l'espèce de contribuables contre laquelle elle dirige les contributions. Les fallacieuses apparences qui ont fasciné leur vue s'évanouiront après un plus sévère examen, comme les illusions d'optique se dissipent aux yeux du voyageur qui approche, plus attentif, du lieu où il croyait les apercevoir. Mais auparavant posons quelques définitions et classifications indispensables pour faciliter l'intelligence de cet ouvrage.

La richesse d'un peuple comprend tous les objets de quelque utilité, qui sont en sa possession.

Ces objets se divisent en capital et produit. Le capital, c'est la matière première, le sol et les richesses que la nature a placées dans son sein et à sa surface.

On entend par produit tous les objets que le travail de l'homme extrait de la matière première et transforme à son profit, soit que ces objets servent à une consommation immédiate, soit qu'on les destine à une nouvelle production. Notons toutefois que le produit ravi à la consommation immédiate, pour être accumulé et employé ou non à la reproduction, perd le nom de produit pour passer sous la dénomination de capital. Cette métamorphose du produit en capital productif ou improductif se remarque très fréquemment sous le régime du droit de cumul, je veux dire du droit de propriété.

A cause de sa valeur intrinsèque due à la rareté du métal, la monnaie a reçu de la convention une seconde valeur ; on en a fait le signe représentatif de la richesse, des deux élémens qui la composent : le capital et le produit. Elle porte le nom de capital ou produit, selon qu'elle représente l'un ou l'autre ; même, en ce dernier cas, elle prend souvent les noms spéciaux d'intérêt, bénéfice, etc. On a coutume de dire que cette seconde valeur donnée à la monnaie dérive de la convention;

mais c'est une pure fiction comme la fiction du contrat social dont on fait émaner l'ordre actuellement établi. Accolée dès l'origine au principe d'appropriation illimitée dont elle est le complément naturel tant elle favorise le cumul des richesses, l'institution de la monnaie provient de la même source, et paraît avoir été non consentie mais plutôt imposée par les lois. Détenir autant d'or et d'argent qu'il en faut pour représenter la valeur d'immenses richesses (capital ou produit), est chose plus facile que garder ces mêmes richesses envers et contre tous. Aussi partout où est consacré le droit d'accumulation, on rencontre son auxiliaire, la monnaie qui, en facilitant les échanges, comme on dit, étend les griffes de la rapacité, et lui permet d'attirer à elle et d'enserrer toujours davantage. Développée dans l'empire romain, étouffée par l'invasion des Barbares et durant la féodalité, l'institution de la monnaie, après un sourd et lent progrès, a rompu toutes les barrières; grâce à la liberté absolue des échanges, maintenant proclamée, la monnaie prend, de nos jours, une extension si prodigieuse, qu'elle fait maître des autres son fortuné possesseur; elle menace de tout envahir, elle semble devoir donner au droit d'appropriation sa dernière forme et le faire parvenir à son apogée.

L'impôt n'est, en somme, qu'un prélèvement sur le produit du capital pour subvenir aux charges nécessitées par l'ordre de choses établi.

Maintenant, si d'un seul regard on embrasse tout l'état social, ses membres apparaissent divisés en deux grandes classes déjà parfaitement distinctes; chaque jour elles se dessinent de plus en plus, à mesure que devant elles s'effacent toutes les autres classifications de personnes. La première classe se compose des *pos-*

sesseurs du capital. C'est le plus petit nombre, et comme ils se trouvent inégalement partagés, leurs conditions sont beaucoup nuancées. Ils ne participent en rien à la production, ou du moins d'une manière active ; ils laissent élaborer leur capital à ceux qui n'en ont pas, moyennant l'abandon d'une petite portion du produit, car ils retiennent la meilleure pour en vivre et jouir sans travailler. La deuxième classe comprend *ceux qui ne possèdent pas de capital.* Ceux-ci, en beaucoup plus grand nombre, sont contraints *de travailler* pour pouvoir vivre de la part du produit qui leur est abandonnée par les possesseurs en proportion de leurs services. Cette classe, qui est la classe des *travailleurs*, se subdivise très bien en deux autres : la classe des *travailleurs improducteurs* (qu'on me passe cette locution), et la classe des *travailleurs producteurs.*

Parmi les premiers, on en voit qui s'emploient à maintenir l'état de choses établi, comme les administrateurs, instituteurs, gens de justice et du culte... etc. Institués plutôt pour garantir les droits des possesseurs, rarement leurs fonctions doivent favoriser la production, et pour essayer d'établir le concours indirect de tous à la confection des produits, il n'a fallu rien moins que l'esprit sophistique des économistes officiels. D'autres entourent à l'envi le détenteur du capital en lui offrant, en échange d'une parcelle de ce qu'il possède, leurs services divers et même tous les plaisirs inventés par le besoin d'exister, et toujours accueillis par l'oisive opulence. De ce nombre sont les entrepreneurs ou vendeurs de travail, les gens de livrée, les comédiens, confiseurs, joailliers, etc. La plupart restent étrangers à toute production, ou coopèrent à une production luxueuse d'une valeur bien secondaire, puisqu'elle ne met pas en circulation des objets d'une consommation généralement utile, puisqu'elle ne se trouve guère qu'à la portée de quelques riches qui, seuls, souffriraient de son absence. Ils vivent de la production nécessaire ou réellement utile à tous, ils en vivent en vrais parasites, c'est-à-dire en lui retirant beaucoup et en ne lui fournissant presque rien.

Parmi *les travailleurs producteurs* se rangent tous ceux qui, par leur intelligence ou par l'adresse et la force du corps, concourent à façonner la matière, à faire fructifier le capital, afin de créer cette somme de produits qui se livrent journellement à la consommation. Malgré la vicieuse direction qui lui est imprimée, leur travail seul met à la disposition de l'homme ce qu'une nature mal fécondée peut rapporter de richesses. Il est à peine besoin d'ajouter que les producteurs forment la majorité des membres de la nation, et que, retirant de leur travail une part inégale de produits, leurs conditions présentent de grandes variétés.

Souvent le même individu est à la fois travailleur et détenteur du capital. C'est alors un être mixte qui rentre par un côté dans les deux grandes catégories que nous venons d'esquisser rapidement; et, bien qu'il réunisse le caractère respectif de chacune, la distinction n'en demeure pas moins chez lui fort sensible. Ce qui peut se dire de l'une et de l'autre lui est très applicable à chacun de ces titres. En tenant compte de cette remarque, tous les individus dont l'ensemble compose l'état social vivent comme échelonnés, rangés par gradins, selon leurs moyens d'existence; les possesseurs placés à la partie supérieure et différenciés entre eux, les non-possesseurs, à la partie inférieure, pareillement différenciés. Sans doute il s'opère de temps à autres quelques déplacemens, des ascensions et des chutes; mais depuis le peu de calme qui a succédé à notre tourmente révolutionnaire, les mutations semblent se raréfier davantage, les positions tendent à se consolider et à prendre une fixité à peu près analogue, sinon semblable, à celle qu'elles avaient dans les siècles précédens. Les inégalités que nous avons signalées dans chacune de nos deux grandes catégories inclinent aussi à s'effacer. D'un côté, la richesse va toujours se concentrant en quelques mains. Le moindre doute sur un fait si généralement reconnu ne saurait plus être permis. « Je dis, s'écrie M. Rossi, qu'une aristocratie territoriale existe chez nous, et que, loin de disparaître, elle doit devenir de plus en plus solide et considérable. » (Page 73 du t. 2, *Cours d'Écon. pol.*) Plus loin il dit encore : « Par une loi économique que le vulgaire lui-même n'ignore pas et qu'il exprime par des adages populaires, ce sont surtout les gros capitaux qui tendent à grossir de plus en plus et à créer au milieu de nous d'immenses fortunes mobilières. » (Page 76 du même.) M. Cherbuliez, dont la pénétration et la sincérité sont plus grandes, s'exprime sur le même point de la manière suivante : « C'est le capital qui finira par gouverner le monde, si aucun bouleversement ne vient arrêter la marche que suit le développement de nos sociétés sous le régime de la loi d'appropriation. . . . .

. . . .

» L'accumulation et la concentration des capitaux sont des tendances communes à toutes les nations de l'Occident, tendances qui doivent nécessairement imprimer une direction uniforme au progrès économique et à la civilisation de cette partie du monde. Encore cinquante années de paix, et partout les grandes industries auront détruit les petites, partout la propriété foncière se sera mobilisée, partout le capital aura effacé les anciennes distinctions sociales, pour y substituer cette simple classification des hommes en riches et en pauvres; en riches qui jouiront et gouverneront, et en pauvres qui travailleront et obéiront. » (Pages 152 et 153, *Richesse ou Pauvreté.*) Vainement notre législation a introduit le principe d'égalité dans les partages de successions; il est loin de morceler et triturer les fortunes jusqu'à pulvérisation, ainsi que le prophétisaient avec effroi de superficiels appréciateurs. Soit en éludant adroitement les dispositions légales, soit en usant de la restriction faite au principe d'égalité de partages par la loi du 17 mai 1826 qui a rétabli les substitutions, soit en limitant prudemment le nombre de leurs descendans, soit enfin en profitant de cette loi économique, curieux effet de notre organisation sociale : *Richesse attire toujours richesse*, l'instinct aristocratique de la classe riche sait bien neutraliser en majeure partie cette force de division et la contrebalancer par une force d'agglomération infiniment supérieure. D'un autre côté, la concurrence entre les travailleurs amène de plus en plus la baisse des salaires, en commençant principalement par les plus élevés. Mais cette tendance vers le nivellement des salaires du plus grand nombre, vers leur réduction à une égale exiguité, se trouve encore accélérée par la division du travail, merveilleuse idée dont la puissance du capital fait une si funeste application. Dans ce monde inorganisé qui livre tant au hasard, l'ouvrage et le travailleur manquent souvent l'un à l'autre. Des entrepreneurs alors se glissent en foule entre le possesseur et le travailleur, afin de les procurer l'un à l'autre, moyennant un certain bénéfice; ils recherchent l'ouvrage d'abord, et ensuite le travailleur, auquel ils le proposent à faire au dessous du prix qu'ils en exigent. Souvent d'autres reprennent encore en sous-œuvre le travail à entreprendre et se chargent de bénéficier en marchandant de nouveau le salaire des travailleurs. Enfin, il en est qui, prenant ensuite l'ouvrage à la pièce, séparent le plus grossier, le plus pénible, le donnent à exécuter à des ouvriers qu'ils embauchent pour un salaire de simple manœuvre, et se réservent la partie la plus agréable, la plus facile et la plus lucrative, puisque le restant du prix leur revient comme paiement de leur peine et bénéfice de leur spéculation. Par suite de cette division du travail qui, en éliminant la main-d'œuvre, la laisse à la masse des travailleurs, ceux-ci vont bientôt être constitués en vrais manouvriers, ayant tous une fonction et un salaire à peu près uniformes. D'après toutes ces tendances manifestes, nous ne pensons pas qu'il soit téméraire de présager que, si rien ne vient contrarier la marche des événemens, bientôt l'on verra le monde entier asservi aux caprices d'une poignée de riches; quelques banquiers, marchands, fabricans, courtiers, *vrais possesseurs des sociétés modernes* (comme les appelle M. Rossi par un de ces éclats de franchise peu fréquens dans ses écrits, p. 345, t. 2., *Écon. pol.*), quelques individus gorgés de toutes les richesses tiendront le reste des humains courbés sous la pesanteur de leur joug.

En énonçant la précédente classification qui doit nous servir plus tard de fil conducteur dans notre exploration, nous constatons simplement des faits aussi manifestes que ceux d'après lesquels sont établis les grandes classifications des sciences dites naturelles. Pourtant, le croirait-on? des gens dominés par un bizarre travers d'esprit ou par une perfide arrière-pensée, dénient la réalité de ce classement avec une hardiesse qui étonnerait le plus aguerri contre toute espèce de contradiction. C'est ainsi que M. Garnier-Pagès, député de Verneuil, s'écriait dernièrement, après la session de 1845, dans un discours où il rendait compte à ses commettans de sa conduite parlementaire: «On a cherché depuis long-temps à diviser la France; j'entends parler de riches et de ceux qui n'ont rien, de la classe moyenne, de la bourgoisie, des maîtres et des ouvriers. Je ne reconnais pas ces distinctions.» (Oui! très bien! très bien!) (*Extrait du National, n° du 25 septembre* 1845). Plaçons en regard de cette singulière dénégation émanée de gens se disant démocrates les paroles d'un prélat officiel qui, devant un autre auditoire, il est vrai, exprimait à la même époque la même pensée avec une éloquence aussi remarquable, quoique d'un genre différent. Ce rapprochement pourra paraître curieux à plus d'un lecteur: «Nous nous garderons bien des vaines et dangereuses déclamations de ces faiseurs de catégories qui, faute d'avoir regardé au fond des choses ou séduits par le vent de la popularité, sèment entre les frères des germes de fatales divisions et d'odieuses rivalités, comme si la loi du travail n'étendait pas son niveau sur toutes les têtes. Imprudens sophistes, vous les voyez, sous couleur de s'apitoyer sur le sort des classes plus spécialement vouées aux travaux de la main, remuer dans les cœurs le vieux levain des plus mauvaises passions, en partageant la société en deux castes: celle des travailleurs et celle des consommateurs, des hommes de labeur et des hommes de loisir ; ici l'abeille industrieuse, là le frélon parasite ; d'un côté, de malheureux opprimés, de l'autre, de cruels oppresseurs s'engraissant de la substance d'innocentes victimes. » (Mandement de M. l'archevêque de Cambrai en 1845) (1). Pour que ces deux orateurs nient si formellement des faits d'une évidence telle qu'aucune autre ne la surpasse, pour qu'ils reprochent à des écrivains l'invention d'un classement de personnes copié néanmoins d'après la réalité, il faut nécessairement qu'un intérêt bien vif les anime ou qu'ils soient victimes d'une hallucination des plus étranges. Eh quoi! ils ne la reconnaissent pas cette distinction des membres de l'État fondée sur la richesse, cette distinction, dont les racines sont si profondes, qui chaque jour est rendue plus tranchée, qui tend à devenir unique et donne à nos prétendues sociétés un si pénible aspect ! Ils ne la reconnaissent pas ! et quel est le lieu où on ne la rencontre, où est l'existence qu'elle ne comprenne? Sans qu'eux-mêmes puissent faire exception, elle assiége la vue de toutes parts, elle se reproduit sans cesse dans tous les discours, par ces locutions tant significatives : *rentiers*, *travailleurs*, *bour-*

(1) Nous nous bornons à ce passage. Nous ferons grâce à nos lecteurs des développemens suivans, qui sont, au reste, de même aloi. Ils ne perdront rien à ne pas voir comment M. l'archevêque de Cambrai prouve que *la loi du travail étend son niveau sur toutes les têtes* ; qu'il n'y a pas lieu de *s'apitoyer sur le sort des classes plus spécialement vouées aux travaux de la main*, et autres semblables choses que l'on pourrait, dans un catéchisme, faire admettre à des enfans, mais qui, placées dans un Mandement, n'abuseront aucunement les grandes personnes.

geois, ouvriers, maîtres, domestiques, propriétaires, prolétaires, riches et pauvres ; toujours au fond celui qui possède et celui qui ne possède pas, ou celui qui a de l'argent et celui qui en manque, car la monnaie est la valeur représentative de toute richesse et de tout ce que la richesse est susceptible de procurer. Ils ne la reconnaissent pas! et pourtant elle ressort de nos institutions, conseils de prudhommes, établissemens de charité, etc. ; notre législation l'établit dans une foule de dispositions journellement appliquées. C'est la loi elle-même qui consacre cette classification, lorsque, dans l'article 1781 du Code civil, elle veut que le maître soit cru sur son affirmation pour la quotité, le paiement des gages ou salaires; lorsque dans l'art. 408 du Code pénal, après avoir infligé la peine du délit à l'abus de confiance, elle qualifie crime et punit comme tel cette même faute commise par un domestique, un clerc, un commis, un ouvrier, envers leurs maîtres; lorsqu'enfin, dans les art. 414, 415, 416 du même Code, elle punit plus sévèrement la coalition des ouvriers contre les maîtres que celle de ceux-ci contre les ouvriers (1). En vérité, je suis confus d'être obligé de

---

(1) Nous n'avons pas trouvé, dans les annales judiciaires, le moindre exemple de poursuites dirigées contre les maîtres, pour coalition contre les ouvriers. La disposition pénale qui les concerne est une vaine satisfaction donnée à la classe ouvrière; puisqu'on voulait ne jamais l'appliquer, il eût été plus adroit de la donner complète, en égalant le châtiment en théorie.

Par toutes ces dispositions légales, la loi donne elle-même un démenti formel à l'art. 1er de la Charte, portant que *les Français sont égaux devant la loi, quels que soient d'ail-*

rappeler tous ces faits à l'appui d'un classement de personne, si manifeste que nul homme sensé ne s'attendra, j'en suis sûr, à lui trouver des contradicteurs. Si quelque intérêt caché les détermine à nier l'évidence même et à s'efforcer ainsi de communiquer aux autres un aveuglement tout volontaire de leur part, mieux vaudrait pour eux se taire sur ce point; car leurs dénégations, loin d'en faire accroire, laissent découvrir le motif qui peut les inspirer. Si, au contraire, c'est quelque dérangement de leur esprit qui les empêche de voir le monde où ils vivent, tel qu'il existe, dès lors nous n'avons plus qu'à plaindre eux et le peuple qu'ils gouvernent ou instruisent; il ne nous reste plus qu'à faire des vœux pour que, leur hallucination disparaissant, le don de la clairvoyance leur soit bientôt rendu.

Les économistes officiels, beaucoup plus habiles, ont dès long-temps fourvoyé les esprits en jetant cette idée captieuse comme un voile sur la réalité : *Le capital est, comme le travail, élément essentiel de production. Or, le possesseur concourt à la production avec son capital quand il le laisse élaborer aux travailleurs. La qualification de producteur lui convient donc comme à ces derniers.* Nous ne demanderons pas ici à quel titre le détenteur du capital le possède en totalité, à l'exclusion de la masse. Laissons à d'autres le soin de démontrer que la loi d'appropriation et ses terribles effets ne peuvent plus déguiser leur iniquité sous quel-

---

leurs leurs titres et leurs rangs. Mais notre *charte-vérité* prouve combien s'est perfectionné de nos jours l'art de mentir légalement.

que apparente justification; que le travail, ce nouveau moyen inventé pour sa légitimation, s'évanouit, si on songe que tant de gens ont acquis et acquièrent la richesse presqu'en dormant, tandis que le plus grand nombre suit tout haletant une longue carrière de labeur et de privations, sans pourtant jamais sortir de sa pauvreté primitive. Bornons-nous à répondre à ces économistes qu'ils ont jusqu'à présent joué sur le sens des mots *production*, *produire*, dont le vague, l'élasticité prêtait merveilleusement à cette équivoque; qu'un peu de réflexion suffit pour apprécier toute la valeur de leur sophisme subtil auquel beaucoup se sont laissé prendre. Lorsqu'en économie sociale on parle de *production*, il s'agit simplement de la production humaine, de ce que l'homme, l'unique agent de production envisagé dans cette science, peut extraire du sein de la nature. Vouloir y comprendre, comme Say et ses disciples, le capital, la matière première, est une méprise des plus grossières. Autant vaudrait y ranger toutes les autres forces génératrices de la nature entière : l'air atmosphérique, l'électricité, la lumière du soleil et tout le système planétaire, puisque ce sont d'incontestables agens de production. Ce n'est pas tout : la production humaine, comme au surplus la production terrestre et toute production en général, implique toujours l'idée d'action, de mouvement créateur de la part de l'agent observé. Produire pour l'homme, c'est façonner la matière première, tirer les produits du capital, en un mot travailler; le produit, c'est l'objet résultant de ses efforts musculaires ou intellectuels, de son travail sur la matière extérieure. Le travail humain, voilà donc, comme l'affirme bien Adam Smith, le seul élément de la production que l'on doive considérer en économie sociale. Les autres sont du ressort des sciences physiques ou naturelles. Puisqu'il ne peut plus être tenu compte du capital dans la production humaine, puisqu'elle ne saurait avoir d'autre élément que le travail, on conçoit que le possesseur n'apporte de son côté aucune coopération active à la production, par le simple fait de permettre qu'on féconde son capital à son plus grand profit. En souffrant que l'on promène la charrue sur son terrain, il n'est pas plus producteur que le banc de rochers qui, dans une forte commotion terrestre, s'éboule et laisse à sa place une terre labourable. Le travail productif ou la production ne commence qu'au premier acte, au premier coup de l'instrument qui entame le sol. Assurément son consentement lève l'obstacle que son droit de bon plaisir pourrait mettre au travail productif; mais sa volonté isolée, non suivie d'actes, ne peut rien; elle ne fait pas surgir du sol les récoltes, les maisons, etc. Il lui faudrait pour cela, ce dont il n'y a pas encore eu d'exemple, la toute-puissance du Dieu de la Genèse, lequel eut simplement à dire : Que la terre soit, et la terre fut... Loin de pouvoir produire par le seul effet de sa volonté, le possesseur ne produit qu'avec les bras des travailleurs, qui sont réellement les seuls vrais producteurs. Pourriez-vous retenir votre hilarité, si, vous répandant en admiration sur la beauté d'une statue, d'un meuble, d'une maison, sur la culture luxuriante d'une métairie, quelqu'un venait vous dire : Je prends une part de vos éloges, car, bien que je ne sache rien faire et que je ne fasse rien habituellement, je n'en suis pas moins en partie producteur de ces chefs-d'œuvre ; c'est moi qui ai laissé travailler ce marbre, ce bois, ces matériaux, cette terre, qui m'appartiennent; c'est moi qui ai voulu qu'on obtînt ces produits dont la vue vous procure tant de satisfaction? Vous lui diriez avec raison : Ce n'est pas la matière ni son possesseur qui nous occupent, mais la forme, l'œuvre, le travail du statuaire, ouvrier, architecte, agriculteur; et, sous ce rapport, votre mérite égale votre peine. Disons-le donc, le possesseur ne doit être dit produire ni par son capital, ni par le fait d'en souffrir l'élaboration, à moins que, bravant la ridicule opposition des termes, on ne veuille l'appeler *producteur oisif*. Mais alors il différerait également du *producteur par le travail*; et, sauf ce léger tempérament, notre grande classification ne perdrait rien de sa véracité et devrait rester maintenue.

Après ces notions préliminaires, dont l'exposé qui va suivre prouvera l'indispensable nécessité, hâtons-nous d'énoncer tout d'abord notre réponse à notre question : *Qui paie l'impôt? L'impôt est exclusivement payé par les non possesseurs, dont le travail est productif, qui, par leur labeur, tirent du capital tous les produits jetés en circulation et offerts au consommateur.* (Le travailleur improducteur ne le paie point, d'après le sens rigoureux de l'expression. Mais il en souffre également quand, sous l'influence des contributions, son salaire vient à baisser ou la production à renchérir.) Nous prions le lecteur de ne pas voir en cette réponse une proposition paradoxale imaginée et soutenue à plaisir. Nous lui demandons de vouloir bien suspendre son jugement jusqu'à ce qu'il ait lu nos démonstrations ultérieures. Sous quelque point de vue que l'on contemple les phénomènes de la vie sociale, cette vérité se rencontre à chaque pas, et nous espérons qu'après l'avoir mise en relief, elle demeurera désormais acquise à la science économique.

Notre impôt s'élève aujourd'hui en France au chiffre prodigieux de 1,500 millions ou un millard et demi, et tout le monde sait qu'il ne s'arrêtera pas en si belle voie de croissance. Nos gouvernans, qui nous vantent sans cesse le régime de liberté sous lequel nous avons le bonheur de vivre, se montrent les fidèles observateurs de cette singulière maxime de Montesquieu, dont les écrits n'ont, au reste, rien de médiocre : « Règle générale : on peut lever des tributs plus forts à proportion de la liberté des sujets, et l'on est forcé de les modérer à mesure que la servitude augmente. » (*Esprit des Lois*, ch. XII du liv. XIII.) Si l'auteur de l'*Esprit des Lois* revivait parmi nous, il trouverait, à la seule inspection de notre budget, que notre état de liberté ne laisse guère à désirer. Quoi qu'il en soit, l'impôt, d'après une estimation généralement reconnue, forme le cinquième du produit net de toute la France : par conséquent, il forme le dixième de son produit brut, puisque celui-ci est au moins double du produit net. D'où il suit que le produit brut ou le produit total de notre pays doit annuellement s'évaluer à la somme de 15 milliards. Ce calcul, que nous prenons pour base de notre démonstration, est le plus approximatif qui se puisse faire. Pourtant, il est loin de se trouver suffisamment élevé, car la richesse industrielle échappe à l'appréciation avec plus de facilité que la richesse foncière. Mais, du reste, il est palpable que la justesse et la solidité de notre raisonnement ne tiennent aucunement à la précision rigoureuse de ce chiffre. Laissons donc tout le produit annuel de la France représenté par une valeur de 15 milliards. Eh bien ! nous le savons à présent, toute cette richesse n'est extraite du capital et mise en circulation que par les travailleurs producteurs, la classe la plus nombreuse de la nation. D'autre part, et ceci résulte de nos définitions précédentes, notre impôt de 1,500 millions n'est, en somme, qu'un prélèvement sur cette richesse, sur ce produit de leur travail. L'esprit arrive donc déjà forcément à cette conclusion impérieuse, irrésistible, savoir : que l'impôt n'est point fourni par le détenteur du capital, mais par le travailleur producteur, faut-il le répéter? seul cause active et efficiente de la production. Nous voyons la loi s'adresser sans doute aux possesseurs et tirer d'eux le montant du budget annuellement voté ; mais ceux-ci, considérés individuellement comme pris en masse, satisfont aux exigences du fisc avec les revenus que leur apportent les producteurs, au moyen desquels ils exploitent leur capital. De manière que, par le fait, la loi qui rend les possesseurs contribuables en exige simplement une part du produit qu'à leur tour ils exigent des travailleurs. Elle les transforme, pour ainsi dire, en autant de petits percepteurs légaux et les contraint de prélever sur leurs rentes, intérêts, bénéfices, revenus de tout genre, la somme fixée dont le versement, effectué de toutes parts aux caisses des percepteurs et receveurs de l'État, vient former la totalité de l'impôt. Sous cet unique rapport, on a pu, du moins avec quelque raison, voir dans les possesseurs de véritables fonctionnaires publics. Tout ceci est tellement conforme à la vérité, que les produits faisant défaut par suite de quelque événement fortuit, les possesseurs auxquels ils manquent s'écrient qu'ils ne peuvent payer les contributions. La grêle, l'inondation, les flammes, ou quelque cause de stérilité ont-elles ravagé les récoltes de leurs champs ? la location de leurs maisons n'a-t-elle pas eu lieu ? ont-ils éprouvé dans leur commerce des pertes considérables provenant de la guerre des capitaux, de ce qu'on appelle vulgairement les malheurs de la profession ? la loi charge les préfets de leur accorder, sur leurs demandes justifiées, des modérations et même des remises, selon qu'ils ont été privés en tout ou en partie de leurs revenus imposables. (Arrêté du 24 floréal an VIII, art. 24 à 28, circ. du 22 nov. 1814.) Le motif en est clair : ils n'ont pas reçu des producteurs le revenu ou produit ordinaire, dont une part devait leur servir à acquitter leur feuille de contribution. Ils n'ont pas butiné, ils n'ont pu lever eux-mêmes de tributs sur les travailleurs : le fisc n'a rien à prétendre. Quelle part prélèverait-il sur des revenus qui manquent ? Ce sont autant de petites sources taries qui n'iront point, suivant la coutume, combler la caisse du trésor. Si le possesseur semble donc en apparence payer l'impôt proportionnellement à sa fortune, c'est bien en réalité le producteur qui le paie, en lui remettant en main de quoi en opérer le versement à l'État. Allons plus loin : le revenu du possesseur, quel qu'en soit l'origine, de quelque source qu'il provienne, ne subit aucune diminution par suite du prélèvement exercé sous le nom d'impôt. En effet, ne le perdons pas de vue, il est maître du capital qu'il offre au producteur pour en extraire les produits ; il tient ce dernier sous sa complète dépendance, il peut lui imposer sa volonté comme loi suprême. Aussi, au premier établissement ou à l'accroissement de l'impôt, il s'empresse d'augmenter ses revenus de tout le chiffre exigé et même souvent au delà, car il y trouve un bon prétexte à faire valoir pour tâcher de les agrandir toujours le plus possible. Grâce à sa possession, deux principaux moyens d'atteindre ce but lui sont constamment offerts, et il est rare qu'il n'en use pas largement : on le voit, d'une part, élever le prix de la matière première, rehausser la valeur des produits qui leur appartiennent ; de l'autre, abaisser de plus en plus le salaire des travailleurs. La concurrence, du reste, le favorise tant, que bientôt ses revenus ne tardent pas à s'étendre au point que l'impôt n'altère plus en rien son heureuse condition : il devient pour lui une véritable avance qu'il fait au Trésor, et qu'il recouvre en la reprenant aux travailleurs. La somme qu'il verse entre les mains du receveur de l'État, est un prêt qu'il fait aux travailleurs, contre lesquels il recourt ensuite avec sécurité dans l'exercice de son droit de possession exclusive. Ces derniers, constitués par le fait en débiteurs de l'impôt et ne pouvant se soustraire aux exigences de leurs créanciers, se trouvent réellement en définitive les seuls vrais contribuables. Notre réponse se trouve donc pleinement justifiée, et certes nous défions qu'on lui oppose autre chose que cette imperturbable dénégation avec laquelle l'intérêt repousse toute vérité paraissant devoir le contrarier.

Si nous nous plaçons au point de vue bien différent où se sont placés les économistes, nous rencontrerons la même solution. Lorsqu'ils ont dit, comme nous l'avons énoncé précédemment, que tout impôt arrivait en dernier lieu à grever tous les objets de consommation, ils ont constaté un fait ostensible ; lorsqu'ils en ont conclu, d'une manière générale, que le consommateur payait l'impôt, ils ont tiré d'un fait vrai une fausse conséquence qui les a de plus en plus écartés de la réalité, qui a été le premier chaînon de leurs erreurs. Affirmer que le consommateur supportait l'impôt en proportion de sa consommation et par suite en proportion de sa fortune, apercevoir et même admirer dans la vie sociale l'application parfaite de la proportionnalité des contributions, ce rêve de tant de publicistes, tout cela n'était que l'effet nécessaire d'une première déviation de l'esprit. Il ne suffisait pas, en effet, d'avoir observé que les contributions de tout genre viennent toujours frapper en masse, et suivre, de mains en mains, les objets consommables jusqu'à ce que le consommateur les paie dans le prix de ses divers achats; il fallait pénétrer plus avant, distinguer la condition respective des consommateurs, considérer séparément le consommateur qui possède et le consommateur qui ne possède pas. Ils auraient vu que l'impôt, quoique mêlé au prix de la consommation de chacun, n'est cependant pas payé par le possesseur consommateur. D'abord il achète les objets qu'il désire consommer, avec les revenus que lui apportent les producteurs. C'est donc avec le produit du travail de ces derniers qu'il paie ou plutôt rembourse au vendeur l'impôt confondu dans le prix des marchandises achetées; il n'est donc pas un contribuable réel, mais apparent. Veut-on ne se préoccuper aucunement d'où lui arrivent ces revenus sur lesquels il prend pour payer l'impôt qui lui est demandé dans le prix des produits consommables? Nous avancerons encore que l'impôt ne le frappe pas davantage par le renchérissement des marchandises qui résulte de son premier établissement ou de son accroissement; il s'arrange toujours de manière à l'esquiver et à n'en souffrir aucune atteinte. Sa consommation grevée de l'impôt devient-elle plus coûteuse? Ses facultés cessent-elles d'être en rapport avec une consommation semblable à celle qu'il faisait auparavant? Plutôt que de la restreindre au niveau de ses revenus actuels et de subir ainsi le prélèvement du fisc, il s'efforce de les augmenter, soit en renchérissant lui-même à son tour les produits de son capital, soit en diminuant le prix du travail, jusqu'à ce que sa caisse, les contributions déduites, puisse lui procurer annuellement la même consommation, jusqu'à ce qu'il ne ressente plus le renchérissement occasionné par l'impôt et les renchérissemens successifs entraînés par un premier. Bien plus, comme on le sait, il ne craint pas de faire, de la pesanteur des impositions, une excellente et éternelle raison pour étendre, le plus qu'il le peut, ses revenus et embellir encore sa belle position. Loin d'astreindre le possesseur à aucune privation, l'impôt lui est une occasion souvent profitable de se livrer à de nouvelles exigences envers le travailleur. Celui-ci, au contraire, au premier établissement ou à l'accroissement des contributions, voit son travail, rendu plus pénible, lui rapporter moins, et le prix de sa consommation habituelle renchérir. Comme il n'a pas de possession avec laquelle il puisse se soustraire à cette charge et la renvoyer à de plus faibles, il faut bien qu'il la supporte à lui seul, il faut bien qu'il travaille plus et reçoive moins en échange de sa peine, afin de rendre les exigences du fisc insensibles à ceux qui possèdent. Usant donc principalement de ce double procédé : renchérissement des produits de son capital, abaissement des salaires, le possesseur opulent rejette l'impôt sur un possesseur moins fortuné qui, à son tour, le secoue promptement sur son inférieur ; de sorte que, de plus en plus lourd à mesure qu'il descend, ce fardeau traverse les divers ordres de possesseurs, et vient ensuite faire sentir toute sa charge aux travailleurs, la classe la plus infime de l'état social, lesquels acquittent cet impôt en redoublant d'efforts et de privations, lesquels sont toujours et de toute manière les seuls vrais contribuables. C'est, pour emprunter une comparaison aux choses physiques, comme une immense chute d'eau, qui, parcourant plusieurs bancs de rochers, augmente de pesanteur à mesure qu'elle s'éloigne du sommet, puis finit, après avoir roulé de cascade en cascade, par retomber de tout son énorme poids sur la dernière couche de granit.

Au moment où nous sommes occupés à traiter cette question économique : « qui paie l'impôt ? » nous voyons avec une vive satisfaction M. Simon Granger lui donner une solution entièrement conforme à la nôtre, dans le nouvel ouvrage qu'il vient de publier sous ce titre : *L'Évangile devant le siècle ou examen historique des doctrines du Christianisme*, ouvrage des plus remarquables, que la riche érudition, les hauts aperçus d'économie sociale et la clarté du style font judicieusement regarder comme supérieur à la plupart des productions de notre temps. Le savant auteur cite en outre sur ce point les paroles énergiques de saint Salvien, un des Pères de l'Église, lequel déjà, vers le milieu du cinquième siècle, dénonçait avec véhémence la vérité que nous cherchons à dégager du sein des faits sociaux et que les économistes avaient jusqu'à présent méconnue ou dissimulée. Nous croyons que le lecteur ne lira pas sans intérêt le passage complet que nous extrayons textuellement du livre de M. Granger : ces deux grandes autorités, l'une du temps passé, l'autre du temps moderne, fortifieront nos démonstrations générales, serviront à en accroître, pour ainsi dire, l'évidence, si l'évidence comportait des degrés. L'historien philosophe s'exprime en ces termes :

« Bien loin de montrer la moindre disposition à accorder quelques soulagemens aux pauvres (prolétaires), l'homme opulent ne néglige aucune occasion de faire retomber sur eux les charges qu'il devrait seul supporter tout entières. Sous prétexte que les impôts deviennent de plus en plus lourds, le propriétaire augmente le fermage de ses champs ou le loyer de ses maisons ; le fabricant et l'entrepreneur diminuent le salaire des ouvriers et des commis qu'ils emploient ; le débitant élève le prix de ses marchandises, élévation qui se fait surtout sentir sur celles de qualités inférieures. Si vous voulez contester, ils n'hésitent nullement à vous donner pour raison l'augmentation des impôts ; de sorte que, de leur propre aveu, c'est celui qui n'a rien qui paie pour celui qui a tout.

» Il paraît, du reste, que cet abus est bien vieux dans le monde chrétien, qu'il est de tradition parmi les privilégiés de tous les ordres. Salvien, qui vivait au milieu du cinquième siècle, s'en plaint dans les termes les plus amers. « On voit la plupart des riches, s'écrie-t-il,
» que dis-je ? on voit tous les riches accabler les pau-
» vres sous le poids de leurs propres tributs... Y a-t-il
» rien de plus indigne et de plus criminel que de ne
» pas faire supporter par tous une contribution à la
» charge de tous ? Bien mieux, ce sont les pauvres
» qui se trouvent grevés des tributs des riches ; ce sont
» les plus faibles qui portent le fardeau des plus forts...
» Quoi ! ceux qui manquent de propriété en subissent
» les charges ! Qui pourra qualifier cette iniquité ?
» Les usurpateurs possèdent les biens des malheu-
» reux, et les malheureux paient l'impôt pour les

» usurpateurs... Ce que je vais dire est pis encore : les » riches ne craignent pas d'élever incessamment le » chiffre de tributs qui doivent, en définitive, retomber » sur les pauvres. Mais, direz-vous peut-être, les » riches, jouissant d'un revenu plus fort, supportent » aussi une part plus forte de contributions ; comment » admettre dès lors qu'ils consentent eux-même à ag» graver leur position ? Je suis loin de convenir qu'ils » aggravent leur position ; car ils n'augmentent les » charges publiques que parce que ce n'est pas pour » eux qu'ils les augmentent... Chose étrange ! c'est le » plus grand nombre qui se trouve opprimé par le plus » petit ; les impôts deviennent la proie de quelques » particuliers, pour lesquels le fisc n'est qu'un moyen » d'accroître leurs fortunes privées. Il n'est pas de » fonctionnaire, depuis les premières autorités jusqu'au » dernier des employés, qui ne commette de sem» blables exactions... En vérité, il semble que ce » soit peu pour l'homme d'être heureux, si ses sem» blables ne gémissent dans la misère (1).» Ces pa-

(1) Inveniuntur tamen plurimi divitum, quorum tributa pauperes ferunt ; hoc est, inveniuntur plurimi divitum, quorum tributa pauperes necant. Et quod inveniri dicimus plurimos, timeo ne verius diceremus, omnes... Illud indignius ac pœnalius quod omnium onus non omnes sustinent ; imo quod pauperculos homines tributa divitum premunt ; et infirmiores ferunt sarcinas fortiorum... proprietatibus carent et vectigalibus obruuntur. Quis æstimare hoc malum possit ? Rebus eorum incubant pervasores, et tributa miseri propervasoribus solvunt... Plus multo est quod dicturus sum. Adjectiones tributarias ipsi interdum divites faciunt, pro quibus pauperes solvunt. Sed dicis : Cûm ipsorum maximus census,

roles révèlent dans le saint Père des idées économiques qui ne manquent pas de profondeur. Sans s'arrêter aux apparences trompeuses du versement direct des fonds, elles attirent l'attention sur leur première origine ; elles font sentir que ce sont en réalité les travailleurs qui paient l'impôt, tant en subissant une réduction sur la main-d'œuvre des produits qu'ils fournissent, qu'en achetant plus cher les produits qu'ils consomment ; elles donnent clairement à entendre que le riche qui compte les espèces au gouvernement et qui, par suite s'attribue tous les avantages du cens, n'est qu'un intermédiaire onéreux pour le pauvre.» (*L'Évangile devant le siècle*, par S. Granger, chap. 2 de la *Charité chrétienne*, pages 77 et 78.)

Afin de convaincre tout à fait le lecteur le plus rebelle à l'admission du fait constant qui nous préoccupe, il ne manque plus qu'un aveu échappé de la bouche des intéressés à déguiser le fond des choses. Or, en voici un aussi explicite qu'on le puisse attendre ; c'est M. Lacave Laplagne, ministre actuel de nos finances, qui nous le fournit, lorsque, s'opposant à toute réduction de l'impôt sur le sel, il s'écrie : « Je reconnais les charges que cet impôt (l'impôt sur le sel)

---

et ipsorum maximæ pensiones, quomodo id fieri potest, ut ipsis sibi augere debitum velint? Neque ego id dico quod sibi augeant; nam et ideo augent, quia non sibi augent... Illud gravius est quod plurimi proscribuntur a paucis, quibus exactio publica peculiaris est præda, qui fiscalis debiti titulos faciunt quæstus esse privatos; et hoc non summi tantum, sed pene infimi; non judices solum, sed etiam judicibus obsequentes... Parum alicui est si ipse sit felix, nisi alter fuerit infelix. (SALVIAN., *De gubern. Dei*, l. IV et V.)

fait peser sur les classes ouvrières; *mais il en est ainsi de tous les impôts.....* On dit que le sel est presque aussi nécessaire que le pain; eh bien! si vous voulez examiner votre législation, vous reconnaîtrez que vous faites peser sur le pain un droit plus fort que l'impôt qui pèse sur le sel. Il y a d'abord sur le pain, *impôt sur la propriété qui le produit, il y a protection sur les instrumens qui servent à l'agriculture.* Réunissez toutes ces charges, et vous verrez qu'elles forment un total bien plus important que l'impôt du sel. Quand je dis cela, ce n'est pas pour faire la critique de la législation; je me borne à indiquer un fait qui est incontestable *et qui est nécessaire.* » (Séance de la Chambre des députés, extrait littéralement du journal la *Presse*, n° du 22 avril 1846.) Notons, en ces mots : *et qui est nécessaire*, une application captieuse d'un fatalisme que nous avons signalé dans notre introduction. L'iniquité dépendante de nous-mêmes et que nous craignons de voir changée lorsqu'elle nous profite, au lieu de nous atteindre, nous l'appelons *nécessaire*, expression commode qui coupe court à tout et tranquillise les esprits susceptibles de s'alarmer sur la légitimité des abus. Les maux, de quelque part qu'ils viennent, étaient autrefois dits émaner de la volonté de Dieu; aujourd'hui, c'est simplement de la *nécessité;* demain, peut-être à bout de sophismes, confesserons-nous enfin leur véritable origine; peut-être avouerons-nous qu'ils proviennent de nos lois et institutions, et celles-ci de nous-mêmes, qui pouvons les refaire.

Quittons à présent le domaine des généralités pour nous engager au milieu des faits de la vie pratique, où tout semble chaos, où tout paraît cause et effet à première vue, et où pourtant il nous sera facile de faire toucher au doigt la loi économique que nous n'avons pas craint de signaler. Afin de présenter dans l'ordre le plus clair l'ensemble des faits qui nous a déterminé à formuler cette loi, nous allons parcourir brièvement chacune des principales sources d'impôt, comme les indique le chapitre des recettes compris dans les divers budgets. La réalité, mise en présence de nos lois et institutions, en fera découvrir les dehors trompeurs et apprécier la véritable portée. Un tel examen nous assujétira peut-être à quelques répétitions indispensables pour la netteté de l'exposition. Mais nous ne négligerons rien pour le rendre le moins fastidieux possible à ceux qui auront la patience de nous suivre ; des détails particuliers en viendront, au reste, souvent tempérer la trop grande aridité.

Nous avons sous les yeux le budget de l'année 1843, rendu définitif durant la session de 1845. Feuilletons son chapitre des recettes, en nous arrêtant sur les principaux points. En première ligne se trouvent les contributions directes, ainsi appelées parce qu'elles frappent, dit-on, directement les contribuables, tandis que les contributions indirectes, en grevant directement les objets de consommation, n'atteignent qu'indirectement le contribuable dans sa consommation. Mais puisqu'il est reconnu en bonne économie politique que tout impôt se résout au moins en un impôt de consommation, on comprend, combien cette distinction des contributions en contributions directes et indirectes est fausse et dépourvue de solides raisons d'existence. Ce qu'elle renferme de chimérique apparaîtra bien plus encore après nos investigations ultérieures.

Parmi les contributions directes, la plus forte est la

contribution foncière, qui grève le sol et les constructions élevées à sa surface. Son chiffre excède 273 millions. Une somme semblable est annuellement versée au Trésor par tous les propriétaires du sol et des constructions. Pour opérer ce versement, ils n'ont qu'à le prélever sur les produits que le travail des producteurs, leurs subordonnés, tire de leurs propriétés. Ainsi, quand leurs fermiers ou locataires viennent payer le montant de leur fermage ou loyer, ces propriétaires, avant de l'encaisser, prélèvent la part du fisc, c'est-à-dire l'impôt. Même prélèvement sur la somme que l'acheteur de leurs blés, vins, fourrages, etc., leur remet pour prix de la livraison de ces produits. Or, évidemment ces propriétaires fonciers inscrits sur le registre des contribuables, qui, à la réception de la feuille du percepteur se rendent chez celui-ci munis de l'argent que viennent de leur apporter leurs fermiers, locataires ou acheteurs de produits ; ces propriétaires, en remettant une portion de cet argent au fonctionnaire public, ne paient sensiblement pas d'eux-mêmes l'impôt foncier. Ils vont au Trésor porter ce qu'ils ont eux-mêmes perçu, et n'est-ce pas chose bizarre et plaisante de les voir présenter en leur nom propre la contribution des autres, de façon que l'acquittement de l'impôt n'est pour eux qu'une avantageuse apparence, pendant qu'il n'est pour les travailleurs qu'une douloureuse réalité ?

Cependant, souvent ces mêmes fermiers, locataires ou acheteurs de produits ne fournissent pas davantage la contribution foncière. Ils la remettent, il est vrai, à leur propriétaire ou vendeur en lui payant le montant de leur bail ou le prix de vente où elle se trouve comprise. Mais cette somme qu'ils ont apportée à leur propriétaire ou vendeur, ils l'ont obtenue par la conversion en argent des produits que leurs ouvriers et subordonnés dans la hiérarchie des conditions ont extraits du capital, ont, en quelque sorte, créés au moyen de leur travail. Tellement que ces ouvriers de tout genre, ces producteurs qui manipulent en tout sens la matière première pour la rendre utile à l'homme et mettre à son usage cette masse de produits sur laquelle se prélève l'impôt; ces ouvriers, au dessous desquels il n'est plus possible de descendre, sont les vrais payeurs de l'impôt foncier. Ce sont eux qui, par leurs bras et leur intelligence, par leur participation active à la production, procurent et fournissent cette richesse sociale que, sans eux, l'État ne trouverait pas pour percevoir l'impôt qu'il assure lui être nécessaire. Ces producteurs, qui, en élaborant et fécondant le capital, en font surgir tous les produits, sont la source intarissable de l'impôt. Le fisc est le récipient, le bassin qui reçoit ce prélèvement fait sur la production, et les maîtres propriétaires, quelque longue qu'en soit la chaîne, ne sont que les canaux conducteurs.

Descendez du sommet à la base de l'édifice social, remontez de la base au sommet, vous retrouverez toujours le même mécanisme. Ainsi, vous verrez l'énorme masse d'ouvriers, les seuls producteurs, travailler sous la dépendance et direction du maître ou bourgeois, comme ils l'appellent, qu'il soit cultivateur ou artisan; ils remettent donc à celui qui les emploie le produit de leur labeur. Celui-ci leur en abandonne une partie à titre de salaire, et retient l'autre à titre de maître et fournisseur d'ouvrage. Il garde une partie de cette retenue et en remet l'autre à son supérieur, locateur ou vendeur de matière première, lequel, faisant une retenue sur le gain de son inférieur, peut en subir une à son tour par un supérieur, et ainsi de suite, jusqu'à ce qu'on arrive au petit nombre de gros propriétaires qui, n'étant dominés par personne, font des retenues, mais n'en subissent que de la part du fisc. Celui-ci prélève en dernier sur ce que le gros propriétaire a lui-même, à titre de locateur ou vendeur de produits, prélevé sur les prélèvemens que les fermiers, locataires, acheteurs de produits ont exercés sur d'autres, et ainsi de suite, jusqu'aux prélèvemens faits par les maîtres ou bourgeois sur la totalité des produits provenant du travail de leurs ouvriers.

Deux exemples, pris dans la pratique de la vie journalière, feront mieux apercevoir comment s'opèrent ces sortes de prélèvemens :

Qu'un fermier soit intelligent, qu'il apporte de l'ardeur au travail, que, par ses défrichemens et ses améliorations de tout genre, il augmente, à l'avantage du propriétaire, la valeur du fonds affermé, et parvienne à lui faire rendre une production supérieure à celle qu'on avait coutume d'en retirer précédemment, le propriétaire, à l'expiration du bail, non satisfait de voir s'élever la valeur de son fonds, mais convoitant en outre un accroissement de revenu, n'oublie guère, quand son fermier demande un renouvellement, de lui parler à peu près en ces termes : « Mais, mon ami, tu t'enrichis joliment, chez moi ; ma terre renferme un trésor que je ne connaissais pas en te louant ; part à nous deux. D'ailleurs, l'impôt n'a-t-il pas augmenté ? Il m'est impossible de te renouveler pour si peu ; le prix du bail s'élèvera à telle somme ; puis tu continueras à bien travailler ; tu sais que je ne suis pas changeant, et que, chez moi, c'est solide ; on y reste long-temps. »

Si un débitant quelconque est enfin parvenu à attirer en sa boutique une assez nombreuse clientèle; si chaque soir il sourit d'aise en comptant la recette tombée dans sa caisse durant la journée, son propriétaire, toujours intéressé à savoir si on fait chez lui de bonnes ou de mauvaises affaires, ne manque pas, au renouvellement du bail, de lui exprimer ses intentions à peu près de la façon suivante : « Il faut convenir, monsieur, que ma maison vous a singulièrement porté bonheur, car vous faites de belles affaires chez moi. Il faut m'en faire profiter un peu, et puis l'impôt devient si lourd! Vous me donnerez tant en plus, et nous ne nous quitterons pas, nous recommencerons un bail. C'est à prendre ou à laisser, » ajoute-t-il impitoyablement, sachant bien que son locataire préférera souscrire à tout plutôt que de s'exposer à perdre sa clientèle en changeant de domicile.

Il est vrai que ce fermier, ce commerçant, ainsi écrasés, s'efforceront de reprendre tout ou partie de cette augmentation, soit sur leurs ouvriers dont ils diminuent le salaire, soit sur les consommateurs, en recourant à tous les moyens ingénieux que l'on connaît : le *surfaire*, le *faux mesurage*, l'*altération de qualité*, enfin, tout ce qu'on appelle les petites ruses de la profession. Mais toujours est-il qu'il ressort de ces deux faits si fréquens que le propriétaire, fort paisible chez lui, prend part aux bénéfices du travail de ceux auxquels il loue son capital. Grâce à son monopole, il s'associe forcément à leur gain, et même il fixe son prélèvement d'avance pour un certain nombre d'années, quelles que puissent être les variations ultérieures des bénéfices. Aussi les preneurs à bail, fermiers ou locataires ne gagnent pas toujours à travailler de leur mieux; ils finissent souvent par succomber sous des exigences progressives et parfois prématurées.

Vainement objecterait-on que l'impôt fourni se calcule sur le produit net de chaque propriété foncière, autrement, sur ce que laisse à chaque propriétaire, d'après une moyenne d'un certain nombre d'années, le produit brut, déduction faite des frais de production, du prix des instrumens et du salaire des ouvriers; vainement alléguerait-on que la loi, en donnant une telle base à ce genre d'impôt, a voulu atteindre et atteint en effet directement le revenu du propriétaire foncier, une fois qu'il est parvenu entre ses mains, n'importe à quel titre. D'après nos considérations générales, l'extrême fragilité de cette assertion s'apprécie facilement. Mais montrons encore que, si telle a été l'intention du législateur, il a manqué son but; que, le propriétaire échappant complétement à la contribution foncière, cette base n'est plus qu'apparente et mensongère en face de la réalité. A l'établissement primitif ou à l'accroisement de l'impôt, le propriétaire, s'il exploite lui-même, renchérit aussitôt ses produits au moins de tout le chiffre de l'impôt. Il le range parmi ses frais de production, afin de conserver pour lui son revenu net, toujours aussi intact qu'auparavant. Supposons que la valeur de son produit brut soit 100, la valeur des frais de production 50, et celle du produit net 50 pareillement. L'impôt foncier sur le revenu net s'élève-t-il par exemple à 10 ou au cinquième de ce revenu? Alors le propriétaire s'ingénie, ou à diminuer les frais de production par l'abaissement du salaire des producteurs, ou à rehausser le prix de ses produits, afin de retrouver ce cinquième et de pouvoir le remettre au trésor sans entamer le chiffre 50 qui représente son produit net. Si, au lieu d'exploiter par lui-même son capital, il afferme ou loue, il ne craint point de faire valoir l'énormité de l'impôt pour expliquer la cherté du prix de location. On l'entend avouer naïvement qu'il ne doit pas supporter l'impôt et que le montant du bail doit augmenter les impositions, sa rente ne pouvant cesser d'être la même. Dans tous les cas, il sait à merveille se soustraire au prélèvement que le fisc veut exercer sur son revenu net, il sait faire évaporer en fait l'esprit, sinon la lettre de la loi. N'a-t-il pas, pour l'éluder, le monopole du capital, fonds limité de la production et la concurrence toujours croissante entre les consommateurs fermiers, locataires, acheteurs de produits? Ne puise-t-il pas dans cette double circonstance des argumens d'une éloquence irrésistible? n'y puise-t-il pas une force suffisante pour anéantir toute disposition législative!

Si nous considérons l'impôt foncier comme se résolvant en un impôt de consommation, nous arrivons au même résultat. Au premier établissement ou à l'accroissement de la contribution foncière, les produits consommables renchérissent, et ce renchérissement s'opère partout simultanément, sans coalition de la part des propriétaires, mais simplement sous l'inspiration du même intérêt privé. Dans ce but, ils s'enquièrent avec sollicitude du cours journalier des divers produits, du prix des baux à ferme, des loyers des maisons et appartemens; ils consultent les mercuriales dressées minutieusement pour faire connaître le prix des denrées. L'impôt foncier grève dès lors tous les produits renchéris par le possesseur, il les suit de mains en mains jusqu'à ce qu'ils atteignent le consommateur, il se réduit comme tout genre d'impôt à un impôt de consommation, et la masse des producteurs en paie forcément une grande part, dans l'achat des objets consommables. Cette vérité a été parfaitement sentie par M. Cherbuliez, lorsqu'il s'exprime ainsi : « Tout impôt direct proportionnel, levé sur les propriétés foncières, soit en raison de la quantité du produit brut, soit en raison de l'étendue superficielle du sol, se résout donc en un renchérissement des produits agricoles et frappe tous les consommateurs de ces produits indistinctement. La rente prise en masse n'en est point diminuée. » mais le judicieux économiste, faute d'avoir poussé plus loin son exploration des faits, s'est gravement tompé en ajoutant : « Les propriétaires considérés collectivement comme classe ne sont atteints par de tels impôts qu'en leur qualité de consommateurs. » (*Richesse et Pauvreté*, page 120.) Non, ils n'en sont pas plus atteints en qualité de consommateurs qu'en qualité de propriétaires. Le propriétaire foncier, après avoir renchéri ses produits au moins jusqu'à concurrence de l'impôt exigé, s'aperçoit que, par suite d'un renchérissement général, sa consommation est devenue plus coûteuse. Trois partis s'offrent alors : ou il faut restreindre sa consommation jusqu'à l'ancien chiffre de dépense et subir patiemment les privations résultant du renchérissement des objets consommables pendant que son revenu est demeuré stationnaire ; ou, s'il ne veut pas se ressentir de l'augmentation du prix de consommation, il est obligé de courir à sa ruine en entamant son capital ; ou enfin, s'il veut être en tout point affranchi de l'impôt, s'il ne veut ni restreindre sa consommation ni entamer son capital, il est nécessaire qu'il s'ingénie à étendre son revenu jusqu'à ce qu'il puisse lui procurer la même consommation. Eh bien ! pour que le propriétaire se trouvât réellement atteint par l'impôt foncier comme consommateur, il faudrait qu'il embrassât le premier parti. Mais qui ne sait qu'il ne l'adopte et ne l'adoptera jamais ? Se priver quelque peu de ses jouissances habituelles, surtout se soumettre volontairement à des privations qu'il est si facile d'esquiver, lui semblera toujours prodigieux, surhumain, impraticable. Généralement il se garde bien de suivre le second parti et de violer cette maxime de prudence propriétaire : *celui-là va grand train à sa ruine, qui, dépensant plus que son revenu, empiète sur son capital.* Le troisième parti lui sourit ordinairement davantage, comme étant à la vérité le moins désagréable. Il met tout en œuvre pour mettre à l'unisson son revenu et sa consommation habituelle. Le chapitre de ses dépenses ne saurait être diminué, bien au contraire ; mais le chapitre de ses recettes peut augmenter. Il est bien encore quelques petites spéculations à faire, quelques produits à vendre plus cher, quelque prix de bail à élever, quelques concurrens à mettre aux prises pour le rabais des fournitures ou du travail. En vendant et louant au plus offrant, en payant le travail au plus bas prix, déterminé par la concurrence, il parvient, sans avoir un plus grand capital et malgré le renchérissement des objets consommables, à se maintenir dans la même faculté de se procurer la même consommation ; il parvient à se soustraire à l'impôt en le repoussant sur les consommateurs non possesseurs, obligés de le supporter, puisqu'ils n'en peuvent faire autant. Comment en pourrait-il être autrement ? qui pourrait déterminer le propriétaire foncier à subir volontairement sur sa consommation un impôt, un prélèvement qu'il lui est si facile de déverser sur d'autres ? N'est-il pas encore une fois le détenteur exclusif du capital, de cet élément dont le travail de l'homme extrait tous les produits ? n'a-t-il pas en main le merveilleux monopole qui le rend le plus fort et lui donne le droit de dicter en maître ses conditions à qui ne possède rien qu'une existence à soutenir ? S'il est vrai, comme le disent nos moralistes, que l'homme soit naturellement enclin à abuser de son pouvoir, à plus forte raison cette observation est-elle vraie quand l'intérêt ou l'amour de soi-même vient le stimuler à l'abus. Au reste, M. Cherbuliez se montre infiniment plus exact et plus rapproché de notre manière de voir quand il dit, à la page 129 : « Les propriétaires fonciers sont des oisifs entretenus aux dépens du public, sans aucun avantage pour l'industrie, ni pour le bien-être général de la société. Ils forment une classe puissante, une véritable aristocratie, dont les intérêts sont isolés et distincts des autres membres de l'association, et *ils se trouvent, par le fait, presque toujours exemptés de toute contribution directe aux charges de l'État*, aux dépenses d'un ordre de choses dont ils retirent les plus grands avantages et dont ils profitent dans certains cas exclusivement. »

Nous nous sommes un peu étendu sur la contribution foncière, parce qu'elle est la plus considérable du budget et celle qui semble le plus frapper directement le détenteur du sol et des constructions. Le reste de notre examen se trouve même par là considérablement abrégé. Des observations parfaitement identiques s'appliquent à tous les autres genres d'impôts, qu'on les considère comme prélèvement sur les produits appartenant à chaque détenteur du capital, ou comme impôts de consommation. C'est pourquoi nous éviterons d'inutiles répétitions, et nous nous bornerons désormais aux observations qui peuvent leur être particulières.

Après l'impôt foncier vient l'impôt des portes et fenêtres, qui rapporte près de 33 millions. Nous ne nous arrêterons pas à critiquer cette singulière sorte de contribution au moyen de laquelle la loi paraît vendre à chacun la faculté de jouir de l'air et de la lumière, ces deux élémens si nécessaires à l'existence de tout être organisé et surtout animé. Elle se critique d'elle-même, et nul sophisme ne saurait lui donner la moindre apparence de raison. Quoi qu'il en soit, s'il faut en croire nos publicistes, la loi veut atteindre les fortunes mobilières peu saisissables, en imposant les portes et fenêtres des diverses habitations, en faisant contribuer chaque citoyen proportionnellement aux ouvertures de sa demeure. Elle réclame cet impôt au propriétaire ou locateur, sauf à ceux-ci à le répartir sur leurs locataires au moyen du recours qu'elle leur accorde contre ces derniers. Au fond, on peut donc l'envisager comme un appendice de la contribution foncière qui grève les constructions. Toute la différence, selon nous, est que le propriétaire reçoit expressément du législateur le droit d'en faire la répartition entre ses locataires, tandis qu'il ne peut opérer qu'en fait celle de l'impôt foncier. « La contribution des portes et fenêtres sera exi- » gible contre les propriétaires et usufruitiers, fermiers » et locataires principaux des maisons, bâtimens et » usines, sauf leur recours contre les locataires parti- » culiers pour le remboursement de la somme due à » raison des locaux par eux occupés. » (Loi du 4 frimaire an VII, art. 12.) Dans la pratique, les propriétaires ou principaux locateurs ne s'en reposent guère sur le recours légal. Ils ont soin de comprendre, dans le montant du bail de chaque locataire ou fermier, sa part respective de l'impôt des portes et fenêtres. Ils y ajoutent la part qui leur est propre, comme nous les avons vus plus haut y faire entrer leur contribution foncière. L'analogie ou plutôt l'identité est parfaite; si on se rappelle ce qui précède, on conclura avec nous que la loi manque encore son but; que le revenu du capital mobilier échappe, en définitive, à tout prélèvement, comme la rente du capital immobilier; qu'enfin le détenteur de l'un et l'autre capital ne se laisse frapper ni directement dans son revenu, ni indirectement dans sa consommation; qu'il secoue en réalité, sinon ostensiblement, tout le poids de la charge sur le producteur placé dans une condition inférieure à la sienne.

La contribution personnelle et mobilière, dont le chiffre total approche de 58 millions, n'atteint pas davantage les détenteurs de la fortune mobilière. Ceux-ci versent, sans doute, au Trésor, les espèces, le montant de cette taxe proportionnelle au loyer de leur habitation respective. Mais ils tiennent eux-mêmes ce montant de ceux dont ils peuvent l'exiger à divers titres. Le locateur le trouve dans les loyers ou fermages apportés par ses locataires. Le maître le prend sur le travail de ses ouvriers, sur le prix de la vente de leurs produits. Les employés de l'État auxquels sont alloués des frais de représentation y comprennent naturellement la taxe personnelle et mobilière qui résulte de cette même représentation. Le commerçant, le banquier, l'avocat, le médecin; enfin celui qui, par sa profession, s'adresse constamment au public et sent le besoin d'attirer sa confiance par une résidence le plus souvent au dessus des ressources qu'offre son modeste capital; celui-là, dis-je, a soin de faire entrer dans le prix de ses marchandises ou de ses services la taxe personnelle et mobilière. Afin d'apprécier le produit de sa clientèle, il déduit de la somme qu'elle lui apporte annuellement, l'intérêt de son mobilier, son loyer, sa contribution personnelle et mobilière que lui a réclamée le percepteur; en un mot, tous les frais qui ont été indispensables pour réaliser le contenu de sa caisse. Le reste seul forme son bénéfice. Assurément le client sur lequel il rejette ces frais peut se trouver, par sa position de possesseur, fort à même de les supporter. Mais alors c'est pour lui une restriction apportée à la dépense de sa consommation, un prélèvement, un impôt qu'il ne veut pas souffrir, et qu'il déverse sur d'autres, au moyen des procédés que nous connaissons: le renchérissement des produits, la baisse des salaires. Quel que soit le nombre des ricochets, cet impôt, comme tout autre, retombe toujours sur le travailleur qui, ne pouvant le renvoyer à personne, l'acquitte en redoublant d'efforts et de privations.

La vérité que nous nous sommes proposé d'établir apparaît surtout très sensible dans l'impôt de la patente, qui a rapporté à l'État près de quarante-huit millions. Cette contribution, réglée par la loi du 25 avril 1844, est exigible de tout individu qui, en France, se livre à un commerce, une industrie ou profession que la loi n'en dispense pas expressément. Elle se compose d'un droit fixe, selon la profession et la population du lieu où elle s'exerce, et d'un droit proportionnel à la valeur locative, lequel est d'un vingtième de cette valeur. D'après nos publicistes, la loi, au moyen de la patente, imposerait l'industriel dans le produit qu'il tire de sa profession, comme, d'après eux, au moyen des contributions précédentes, elle imposerait dans son revenu le détenteur du capital mobilier et immobilier. Mais ici encore le législateur est fort malheureux dans ses prescriptions; elles sont loin de réaliser ses vues et d'avoir, quoi qu'il apparaisse à leur lecture et à leur exécution, la portée qu'il prétend leur attribuer. Pour s'en convaincre, il suffit d'ouvrir les livres que le commerçant est astreint à tenir régulièrement. En tête du chapitre des dépenses, on rencontre la patente; elle entre dans la balance des recettes et des dépenses qu'il fait à la fin de l'année pour connaître le montant de son bénéfice; si la balance est égale, le commerçant vous dira qu'il n'y a pas de gain pour lui, qu'il ne peut tenir long-temps comme cela. A plus forte raison tient-il ce langage si la dépense surpasse la recette. Mais si, comme il arrive souvent, la recette est supérieure à la dépense, il faut bien reconnaître que ce n'est pas avec son argent, mais bien avec celui de la clientelle qu'il paie sa patente. Ceci est d'autant plus vrai, que, pour fixer le prix des objets de son industrie, il consulte soigneusement le chiffre des frais, le chapitre des dépenses où la patente est comprise. Sa patente augmente-t-elle? Comme il n'aime pas voir baisser sa recette d'autant, il ne manque pas d'augmenter les prix; il dit fort naïvement à la pratique, qui le trouve elle-même tout simple, que l'élévation des patentes a fait renchérir la marchandise, que le temps devient dur..., etc. Ainsi, tous les produits offerts et livrés aux consommateurs sont grevés par le patenté de l'impôt de la patente, lequel se résout donc en un impôt de consommation. De là, tous les travailleurs, qui n'ont pour moyen d'existence que le salaire obtenu par leur travail, paient l'impôt de la patente dans l'achat des objets qu'ils consomment. Ils le paient intégralement, car le possesseur, indépendamment de ses procédés ordinaires, dispose encore d'autres procédés particuliers pour déverser sur eux cette contribution, devenue impôt de consommation. L'heureux détenteur du capital ne puise-t-il pas, en effet, dans la possession de sa richesse le privilége de payer les objets qu'il achète bien moins que ne les paie le travailleur, qui ne possède pas? N'est-il pas des époques où la marchandise se vend meilleure et à meilleur marché? La marchandise ne se vend-elle pas moins cher en gros qu'en détail? Tout le monde, même à propos des denrées les plus menues, peut observer ces faits d'expérience journalière. Or, le riche seul, parce qu'il possède, a la faculté d'acheter d'avance, à temps opportun et en bloc toutes ses provisions quelconques; lui seul a la faculté de profiter des énormes remises que lui offre le fournisseur, d'obtenir de celui-ci un crédit qui accroît encore sa fortune, et de réaliser sur tous les points de belles et bonnes économies. Le travailleur, au contraire, ne peut qu'acheter au temps inopportun, selon que la nécessité lui commande, et au détail, sou à sou, comme il gagne, quand il a le bonheur de trouver à gagner. Par conséquent, ô criante iniquité de notre état social! le travailleur qui aurait tant besoin d'économiser est forcé par sa position de payer tous les objets, quoique de moindre qualité, excessivement plus cher, à leur plus haut prix, et toujours au comptant; car, ne possédant rien, il n'inspire pas de confiance. Qu'importe donc au possesseur que l'industriel métamorphose l'impôt direct de la patente en un impôt de consommation? Tous les avantages sont pour la richesse, et sa possession ouvre mille voies pour échapper à cette nouvelle contribution. C'est sur le travailleur seul qu'elle pèse encore, c'est sur lui que le patenté la déverse; c'est la patente que le travailleur paie dans l'élévation du prix des marchandises que tout débitant réserve particulièrement à ceux qui achètent au détail, *à ceux qui*, comme il dit, *ne le font guère gagner*.

Comprend-on à présent l'assertion de ces publicistes, intrépides adversaires de toute réforme électorale, qui, pour justifier et maintenir notre système d'élections, répètent incessamment : *Il est juste que la direction des affaires de l'État, le vote, la répartition et l'emploi de l'impôt appartiennent à ceux qui, sans dispense des autres contributions, paient seuls plus de quatre cents millions de contributions directes?* N'est-on pas tenté de mettre en grand doute leur savoir ou leur bonne foi? Eh non! Messieurs, le maniement des affaires publiques n'appartient pas aux quelques possesseurs que vous voulez désigner, s'il est juste, comme vous le dites, qu'il soit en main de ceux qui, chaque année, acquittent la majeure partie de notre énorme budget. En effet, à ne considérer que l'état actuel de l'économie politique, à ne voir que les données présentes de cette science, nous y rencontrons un fait unanimement avéré : l'impôt devient toujours un impôt de consommation, et c'est le consommateur qui le paie. N'en ressort-il pas déjà comme conséquence forcée que la gestion de la chose publique appartient à tous les citoyens? car tous sont consommateurs, et tous, à ce titre, concourent à payer l'impôt. La plupart des économistes, il est vrai, ont ajouté que l'impôt était payé par les consommateurs en proportion de leur fortune. Mais, en supposant vraie cette observation, que nous avons combattue comme entièrement erronée, il n'en faudrait pas moins conclure à la participation de tous au gouvernement, participation sinon égale, au moins proportionnée à la fortune de chaque citoyen. Bien plus, la masse des consommateurs qui ne possèdent rien est beaucoup plus nombreuse que celle des consommateurs possesseurs. Dès lors la consommation collective, sinon individuelle, des premiers se trouvant supérieure à celle des seconds, il faudrait encore reconnaître que les non-possesseurs, en masse, doivent prendre une plus grande part au gouvernement que les possesseurs, puisque c'est davantage leur affaire. Que sera-ce si, d'une part, continuant d'adopter la proposition des publicistes conservateurs, nous plaçons de l'autre en regard cette écrasante réalité précédemment établie, savoir : que les possesseurs n'ont, dans le paiement de l'impôt, d'autre rôle que celui de verser au Trésor les espèces qui leur sont fournies par les producteurs et qui représentent les produits du travail de ces derniers? De ces prémisses ne surgit-il pas nécessairement la conséquence suivante : *Aux producteurs seuls appartient le droit d'élection des citoyens qui votent et administrent l'impôt; à eux seuls revient de droit la dispensation de leurs produits, la gestion des affaires publiques. Le possesseur, retranché dans sa richesse, qui le rend déjà si puissant, doit, tant qu'il ne sera pas producteur, rester complétement étranger à leur administration?* Or, notre système électoral est précisément le contre-pied de cette proposition, dont, à part soi du moins, chacun reconnaîtra toute la justesse. La direction de l'État est actuellement dévolue aux plus riches, à deux cent mille possesseurs, à ceux qui, nantis de biens suffisans, peuvent faire rendre aux travailleurs un revenu susceptible de subir, au profit du Trésor, un prélèvement déterminé. Au privilége de ne payer réellement aucun impôt, ils ajoutent le privilége de disposer de ceux qu'ils ont recueillis de la main des producteurs. Se prévaudra-t-on de je ne sais quel prétendu mandat tacite donné par le véritable peuple au petit peuple électeur, lequel, d'après la fiction artificieuse, est dit figurer toute la nation? Mensonge! mensonge encore! et personne n'en est plus la dupe. Examinons, en effet, de près ce gouvernement soi-disant représentatif. Qu'est-ce autre chose dans le fond qu'une oligarchie déguisée qui se couvre d'une ombre de royauté et de démocratie; une oligarchie bruyante, querelleuse, dont les membres ambitieux, se tenant à l'écart du peuple, ourdissent entre eux mille complots pour se disputer le pouvoir et le partage des tributs qu'ils ont levés? Jugez-là donc d'après ses œuvres, cette chambre parlementaire. A en croire les discours fallacieux des élus qui la composent, il semblerait parfois qu'elle représente trente-quatre millions de Français, la nation entière; et représente-t-elle plus, en réalité, que les intérêts de ses deux cent mille électeurs? est-elle plus, en définitive, qu'une simple gérance de leurs affaires particulières? Non, non, ce n'est point de par le consentement du peuple que ces quelques privilégiés tiennent, à leur grand bénéfice, le gouvernail de l'État; c'est de par un privilége qui est la source de tous les autres; c'est de par le seul fait de leurs possessions, et à dire que le peuple consent à tout, donne mandat, il y a plus qu'un mensonge, il y a une ironie des plus amères! Confondus sur tout point, les publicistes officiels allèguent, il est vrai, comme dernier refuge, que le peuple n'est pas encore suffisamment éclairé. Comme si l'intérêt seul n'avait pas bonne vue, la meilleure vue possible; comme s'il était besoin d'autres lumières pour bien faire ses propres affaires. Demandez plutôt à nos colléges électoraux, qui n'emploient jamais que l'intérêt pour seul guide, et la plupart du temps pour d'excellentes raisons. Vains efforts! si bien tissé que soit le réseau de leurs sophismes, ils ne parviendront pas à masquer la révoltante iniquité de ce système électoral, où quelques possesseurs, par cela seul qu'ils possèdent, sont en droit d'administrer sans contrôle les affaires des autres membres de la nation; système où quelques possesseurs, par cela seul qu'ils possèdent, peuvent dépenser, au gré de leurs caprices, les produits des travailleurs; système où quelques possesseurs, par cela seul qu'ils possèdent, ont la faculté d'immoler à leur profit tous les autres intérêts; système qu'on dirait savamment organisé pour la plus grande oppression de la masse sous le joug d'une faible minorité! Quant aux partisans d'une réforme électorale dans le sens le plus large, tendant à rendre électeurs et éligibles tous les citoyens sans en excepter les possesseurs, nous applaudissons à leurs louables intentions; mais nous aimerions les voir changer de tactique. A quoi bon toujours vanter en des discours déclamatoires *les lumières, l'esprit national, les vertus du peuple?* A quoi bon toujours répéter que, malgré sa pauvreté, il est bien digne d'être élevé à la *dignité* d'électeur? Est-ce la vraie question? Ne sait-on pas que le peuple ne diffère aucunement de de ses maîtres? La condition qu'on lui fait le rend ce qu'il est; qu'on la change, qu'on l'élève ou qu'on l'abaisse, il changera, s'élèvera ou s'abaissera comme elle. Cette loi est infaillible pour tous, et nos rusés sophistes montrent qu'ils la connaissent parfaitement quand ils crient comme dernière objection : *Avant d'émanciper le peuple, il faut l'en rendre digne.* (Autrement : il faut le rendre digne de sortir de l'état qui le maintient dans l'indignité, proposition qui revient à dire : Il faut lui donner la liberté de ses mouvemens avant de le dégager de ses liens. Le comble de l'absurdité !) Que les réformistes donc, au lieu de se donner vainement des airs de flatteurs du peuple, lesquels sont aussi fourbes que ceux des rois, s'attachent à creuser la constitution économique de notre société pour y puiser des argumens infiniment plus pressans. Qu'ils le sachent ! ce n'est qu'après avoir pris du faîte à la base notre système d'élections, et l'avoir broyé dans les étreintes d'une logique inflexible, qu'ils pourront accélérer l'heureuse fin de la lutte, le triomphe de la réforme électorale.

Quittons cette digression pour arriver aux contributions indirectes, ainsi appelées parce que, frappant directement les objets de consommation dans les mains de celui qui va les offrir aux consommateurs, elles atteignent indirectement ces denrées. Ce sont de véritables impôts de consommation sans métamorphose préalable, car ils sont perçus par le fisc sur les produits consommables au moment où le possesseur va les mettre en circulation. D'où il résulte que tout ce qui précède leur est entièrement applicable ; toutefois, il y a dans la manière dont ces contributions retombent sur les travailleurs, d'étranges particularités que nous allons présenter.

Les boissons fermentées, ces denrées que l'on peut hardiment, en présence de nos habitudes, appeler nécessaires, sinon de première nécessité, sont grevées d'un lourd impôt qui prend des noms divers, suivant les circonstances. Ainsi, le fisc perçoit l'impôt de fabrication pour la bière et la distillation des vins, cidres, poirés, etc., pour toutes les boissons l'impôt de circulation, l'impôt d'entrée dans les communes de 4,000 âmes et au dessus, l'impôt de détail sur les débitans ou le dixième du produit de la vente faite par les aubergistes, cafetiers, liquoristes, traiteurs, etc. Mais, depuis la loi du 21 avril 1832, toutes les villes de 4,000 âmes et au dessus sont autorisées à convertir les taxes de circulation d'entrée et de détail en une taxe unique, que perçoit à l'entrée des villes l'administration de l'octroi. La somme de toutes ces différentes taxes, désignées au budget sous la qualification de droits sur les boissons, a rapporté à l'État près de 98 millions. Maintenant, qui paie cet énorme chiffre prélevé sur la valeur de ce produit consommable ? Ce n'est pas, à coup sûr, le commerçant, puisqu'il a soin de le faire payer au consommateur ; et le fait est tellement constant, que les marchands en gros établis dans un lieu sujet au droit d'entrée peuvent réclamer l'entrepôt, qu'ils sont dispensés de faire l'avance de ce droit pour les boissons non vendues, qu'ils ont la faculté de ne le payer qu'à la sortie des boissons de leurs magasins. Ce n'est pas le riche consommateur qui, fort de sa possession, renvoie au pauvre consommateur l'élévation du prix des boissons provenant de l'impôt. Comme si les procédés connus ne lui suffisaient pas, une législation des plus iniques lui vient encore en aide. Nul n'ignore que les droits sur les boissons sont établis les mêmes, quelle que soit la qualité de cette denrée, de sorte que les plus grossières, les seules à la portée du travailleur, se trouvent aussi fortement imposées que les plus recherchées par le riche. A l'entrée de Paris, pour prendre un exemple facile à généraliser, le litre du vin le plus commun et le litre du vin le plus précieux subissent également chacun un droit de 25 cent. Le législateur a oublié la théorie de l'impôt proportionnel, ou plutôt l'absence de distinction fait cet impôt proportionnel dans un sens tout opposé, puisque la charge, loin d'être plus lourde en proportion de la fortune, se trouve, au contraire, plus pesante en proportion de l'indigence des consommateurs. Le travailleur ne saurait donc manquer d'avoir à supporter, lui seul, tout le fardeau. Mais, pour comble d'infortune, son poids s'aggrave encore des renchérissemens successifs et des funestes conséquences qu'il entraîne. L'impôt établi sur les boissons donne à cette denrée un surcroît de prix qui la rend inaccessible à la foule des consommateurs. Les possesseurs de ce produit en sont, par contre-coup, fort gênés, n'ayant plus à satisfaire qu'un petit nombre de consommateurs fortunés. Inutilement, pour l'écouler, ils se font une terrible concurrence; le marché est trop limité, l'offre trop supérieure à la demande. Abaisser les prix pour rencontrer plus de consommateurs est chose impossible. Comment, sans perdre, descendre au dessous des frais de production et des droits exigés par le fisc? Aussi, pour se tirer d'embarras, les uns conservent leurs produits dans leurs caves; au risque de les laisser gâter, ils attendent toujours dans l'espoir qu'une mauvaise année viendra, que l'intempérie des saisons, épargnant leurs récoltes, voudra complaisamment détruire celles des autres, et leur laisser le monopole de la vente à gros profits. D'autres, moins confians dans ce genre de spéculation ou parce que la nature de leurs produits le comporte, cherchent à l'étranger les débouchés convenables qu'ils ne trouvent pas à l'intérieur. De là la grande exportation des vins, eaux-de-vie que la France fait dans les autres pays du monde. Il est vrai qu'en échange il nous arrive des chapeaux de paille, des soies, des toiles fines, des huiles d'olive, du cacao, des épices, des fruits de table et autres merveilleux produits dont le pauvre consommateur n'use guère. Mettant à l'écart cette petite remarque, on devinera facilement que, de toutes ces manœuvres doit résulter un nouveau renchérissement des boissons, une nouvelle aggravation de charge pour le travailleur. Ce n'est pas tout : l'impôt sur les boissons entraîne la falsification, altération et fabrication de cette denrée avec des substances peu coûteuses et plus ou moins nuisibles ; car les plus innocentes en apparence sont toujours nuisibles, par cela même qu'elles ne produisent pas l'effet attendu. Sous l'influence de la fiscalité, les belles connaissances de la chimie, qui devraient n'être employées qu'à l'avantage de l'homme, sont journellement tournées par l'industriel avide contre la santé des consommateurs. Soit pour soutenir son commerce ou par pure cupidité, le débitant imagine, au moyen de la fraude, de mettre le plus possible les boissons à la portée des consommateurs, écartés par l'élévation du prix qu'occasionne l'impôt. Mais qui ne sait que ce pernicieux effet des exigences du fisc n'accable que le pauvre consommateur qui, seul, achète les boissons falsifiées? qui ne sait que le riche consommateur, s'il ne tire pas cette denrée de ses domaines, l'achète, la plupart du temps, en gros et sur place, de première main, de façon qu'elle lui revient à plus bas prix, sans pouvoir être altérée? Lorsqu'il s'adresse au commerçant, comme il en achète beaucoup et de qualité supérieure, on ne le trompe guère ; d'ailleurs, la vérification à l'aide des procédés chimiques connus lui est simple et facile à faire pour une grande quantité.

La taxe sur les sels s'élève à peu près à 70 millions. Aboli par la république, il ne fallut rien moins que le despotisme impérial pour rétablir cet impôt qui, sous le nom de gabelle, était si odieux au peuple de l'ancienne monarchie. Est-il besoin de dire que le peuple de la nouvelle a même raison de le trouver odieux ? Le sel, comme condiment propre à stimuler les fonctions digestives, est pour l'homme une denrée de première nécessité ; on connaît l'emploi que l'agriculture en fait en Angleterre et en pourrait faire en France, si n'était la cherté, soit pour l'engrais de la terre, soit pour assaisonner la nourriture des bestiaux, auxquels il sert comme à l'homme. Néanmoins, le législateur ne s'est pas arrêté devant ces considérations. Bien moins il s'est arrêté devant la crainte d'imposer surtout le pauvre peuple, sur lequel retombe cette contribution. Puisque la consommation du sel est à peu près égale pour tous les citoyens, la taxe pèse d'abord autant sur le pauvre que sur le riche ; la consommation collective des possesseurs se trouvant ensuite très inférieure à celle des travailleurs plus nombreux, ces derniers paient donc déjà la majeure partie de la taxe dans le prix de leur consommation. Quant à la moindre portion déboursée par le possesseur, nous avons montré par quels moyens il savait en obtenir le remboursement, comment il parvenait à éluder tout impôt de consommation. Des économistes, calculant que la taxe sur le sel coûte, par famille, de 75 c. à 1 fr.

chaque mois, estiment que ce n'est pas beaucoup et ne devrait susciter aucune plainte. Ces bons amis du fisc, qui font à l'eau-rose de l'économie politique de salon, mesurent sans doute à leur avoir celui de leurs concitoyens; enveloppés dans leur candide ignorance, ils ne songent pas que 75 c. ou 1 fr. sont pour l'ouvrière le salaire d'une journée, que 75 c. ou 1 f. sont ce qu'en temps de chômage le producteur ne trouve seulement pas à gagner ; que payer chaque mois 75 c. ou 1 fr., uniquement pour une des mille nécessités de la vie, pour un assaisonnement, c'est exorbitamment lourd à qui ne subsiste qu'avec un salaire exigu et fort précaire. Ils ne daignent pas réfléchir que, sans cet impôt, si le fisc ne grevait pas de 3 décimes par kilog. une denrée dont la valeur vénale, séparée du droit, ne dépasse pas, terme moyen, 4 centimes le kilog. , non seulement le travailleur achèterait à bon marché du sel que les fraudeurs n'auraient plus intérêt à mélanger de substances pernicieuses, mais encore les troupeaux, mieux nourris, se multiplieraient prodigieusement, le prix de la viande baisserait, et la terre, recevant de leurs engrais aussi bien que du sel lui-même un accroissement de fécondité, rendrait des céréales en plus grande abondance.

Le sucre, cet autre condiment d'une importance secondaire, mais néanmoins considérable, produit au Trésor près de 52 millions. On l'a dit être au sel ce que la soie est à la bure; comparaison peu exacte, car, si le sucre n'est pas un condiment de première nécessité, il devient presque nécessaire en beaucoup de cas, notamment dans les dérangemens et les maladies , où la faculté digestive de nos organes a grand besoin de cet auxiliaire. Pourtant nos législateurs ont tranché la fameuse question des sucres indigènes et des sucres coloniaux en élevant le droits sur la fabrication des sucres indigènes, afin de protéger les sucres des colonies contre une redoutable concurrence. Le Trésor a gagné à la querelle, mais le travailleur, qui supporte tout cet impôt de consommation, soit indirectement, lorsque le riche consommateur le rejette sur lui, soit directement, lorsqu'il achète ce produit à un haut prix ou s'en passe à cause de son excessive cherté, le travailleur, disons-nous, paie les conditions de l'arrangement.

Passons maintenant à l'impôt des douanes, lequel a réalisé près de 151 millions, si on y comprend 43 millions pour droits prélevés sur les sucres étrangers dont il vient d'être question. La plupart des économistes de bonne foi s'accordent sur ce point : les douanes sont des barrières destinées à enclaver les nations comme des troupeaux, à rapporter au fisc de fortes sommes et à enrichir quelques monopoleurs, aux dépens de la masse. Les intéressés au maintien d'un aussi détestable régime ont beau sournoisement répéter en sa faveur la banale phraséologie, ils ont beau dire qu'indépendamment du but fiscal, ce régime conserve l'individualité de chaque peuple, qu'il favorise l'agriculture et l'industrie nationales, si précieuses en cas de guerre. Ce sont les douanes elles-mêmes qui, en entravant le libre échange des produits, entretiennent les divisions hostiles entre les peuples et les empêchent d'être à jamais unis par le lien indissoluble de l'intérêt; ce sont les douanes qui, en arrêtant les échanges, compriment la production et rendent impossible la spécialité des produits agricoles ou manufacturés; ce sont les douanes qui rallentissent la fécondité de la nature et du travail en dévorant une part de leurs produits.

Ceux qu'une nation nous apporterait à un prix modique, les douanes nous les font payer au double, au triple, et même au quadruple. Là où leur libre circulation amènerait l'abondance et le bon marché, les douanes font régner la pénurie et la cherté. Les douanes sont comme la grêle qui ravage une grande étendue de récoltes : les douanes sont comme l'incendie qui consume les produits de l'industrie en leurs vastes magasins ; elles enrichissent les spéculateurs aux mains desquels elles constituent le monopole des produits rendus plus rares. Grâce aux douanes comme à ces deux fléaux, quelques uns font brillante fortune et se réjouissent, pendant que des millions appauvris ne peuvent que pâtir. L'institution des douanes fait aussi naître la contrebande, cette industrie aux spéculations aventureuses pour le possesseur, aux chances pleines d'émotion, puisqu'elle expose hommes et marchandises, la contrebande qui, procurant un monopole à côté du monopole légal, sert également à bâtir sur la misère commune de riches maisons, des fortunes honorables. Faut-il s'étonner si cette institution est frappée d'une réprobation générale et n'est plus soutenue que par des défenseurs officiels et intéressés ? Quelle qu'en soit au reste la valeur, les droits exorbitans qui grèvent à leur importation la soie, le coton, la laine, le lin, le chanvre, en tissus ou non, la pelleterie, l'indigo, les bois de teinture et d'ébénisterie, le plomb, le fer, la fonte, le tabac en feuille, la houille, le sucre, le café, le cacao, les céréales, les bestiaux, les fruits oléagineux, les chapeaux de paille, la mercerie, les instrumens aratoires, les machines et mécaniques, etc., les droits exorbitans qui, à la frontière, grèvent tous ces objets pèsent sur le travailleur, conformément à toutes nos démonstrations précédentes. Le marchand en gros, le fabricant, en achetant ces produits, font au Trésor l'avance de l'impôt, avance qui leur est remboursée par le débitant, jusqu'à ce qu'enfin celui-ci, dans son débit journalier, la reprenne intégralement au consommateur. Mais le consommateur qui ne possède pas acquitte ces droits d'abord dans le prix de sa consommation, ensuite par l'effet des nouvelles exigences avec lesquelles le riche consommateur s'en débarrasse promptement. Peu importe à ce dernier la cherté de la viande, des tissus, des meubles, de la mercerie, etc.; il possède, et son intérêt lui dit de monter en proportion le prix de ses fermages, de ses baux, d'abaisser les salaires, en un mot, de rendre sa position immuable.

Rien ne s'oppose à ce que nous confondions dans un seul examen les quatre genres suivans de contributions: les droits d'enregistrement, de greffe, d'hypothèques et de timbre; ils ont formé à peu près un total de 246 millions. S'ils sont envisagés comme prélèvement effectués sur le produit du capital mobilier ou immobilier, le détenteur, avons-nous prouvé plus haut, ne les acquitte qu'avec les produits des travailleurs, et toujours de manière à ne pas en voir diminuer sensiblement son revenu. S'ils sont considérés comme impôts de consommation (car, directement ou indirectement, d'une façon ostensible ou cachée, ils viennent infailliblement se confondre avec le prix des objets consommables), eh bien! le même phénomène tant de fois exposé se répète. Celui qui a occasion de payer ces droits, s'il possède, n'en fait que l'avance; il range à son passif cette dépense et s'empresse d'élever d'autant son actif par des moyens connus. S'il ne possède pas, il lui est impossible de se comporter ainsi, il est directement atteint, d'abord dans la consommation qu'il en fait, et ensuite il se trouve indirectement frappé par les exigences du possesseur, qui cherche le remboursement de ses avances dans le renchérissement des produits et la baisse des salaires. A ce rappel de nos démonstrations générales, non imaginées à plaisir, mais malheureusement trop réelles, comme on a pu s'en convaincre antérieurement, ajoutons un fait spécial : l'emprunteur, d'après une vieille règle, est contraint de prendre à sa charge les frais d'actes et de formalités qu'exigent le contrat de prêt et la constitution des garanties. Il n'en faut pas chercher d'autre raison que celle du plus fort, raison toujours la meilleure. *Celui qui a l'argent est toujours maître de l'autre,* dit Montesquieu (*Esprit des Lois*, chapitre IX du livre XIII). Le prêteur est maître de faire la loi à l'emprunteur, lequel, assez ordinairement, se trouve en condition inférieure et même souvent ne possède presque rien, ou rien absolument. Alors les impôts de timbre, d'enregistrement, d'hypothèques et de greffe, en cas de poursuites, ces impôts si lourds, joints aux intérêts, écrasent le pauvre débiteur, qui de la sorte emprunte à un taux bien supérieur au taux légal, à un taux usuraire. Il ne peut la plupart du temps y suffire, et parfois il succombe avant d'avoir pu les rejeter sur d'autres. Ceci devient surtout sensible dans les emprunts modiques à terme peu éloigné, les seuls que puissent obtenir les moins fortunés des emprunteurs. D'après les statistiques officielles, il se contracte chaque année, en France, 250 mille emprunts qui ne dépassent pas la somme de 300 fr. Or, voyons les frais d'une obligation de ce chiffre :

	fr.	c.
1° Certificat du conservateur des hypothèques.	3	»»
2° Honoraires de la minute.	3	»»
3° Enregistrement	3	50
4° Timbre, expédition et minute.	1	60
5° Honoraires d'expédition.	4	»»
6° Droits d'hypothèque et timbre	1	45
7° Honoraires du conservateur	1	25
8° Rédaction des bordereaux	2	50
9° Minute de la quittance.	3	»»
10° Enregistrement	1	50
11° Timbre, minute, extrait pour radiation d'hypothèque	4	»»
12° Honoraires du conservateur.	1	»»
Total . . .	31	60

Si on ajoute à ce total 15 fr. d'intérêt légal pour un an, on obtient 46 fr. 60 c.; mais 46 fr. 60 c. sont pour un an plus de 15 pour 100 et 61 fr. 60 c. pour deux ans sont encore plus de 10 pour 100. Plaisante loi! qui prohibe l'usure comme un délit, tandis qu'elle la prescrit par d'autres dispositions! L'homme qui prête une pareille somme à l'aventure, sans frais, mais au 15 ou au 10 pour prix de la chance qu'il court, cet homme est qualifié usurier punissable, repoussé par les honnêtes gens. Cependant il ne porte pas à l'emprunteur un préjudice plus grand que le prêteur honnête avec ses frais et intérêts légaux; il oblige même beaucoup de gens auxquels celui-ci refuse de prêter parce qu'ils ne présentent pas de garanties suffisantes. C'est bien pis encore si notre prêteur en bonne règle à l'époque du remboursement fait expropier l'immeuble hypothéqué.

Les frais d'adjudication, de transcription, de notification, d'ouverture d'ordre après le délai de surenchère expiré, etc., dévoreront bientôt l'immeuble de modeste valeur. Il vrai que les honoraires des hommes de lois, des officiers ministériels, ces parasites de la production, concourent, avec nos quatre genres d'impôts, à la ruine de l'emprunteur; ces honoraires sont eux-mêmes un genre d'impôt fort analogue à ceux qui nous occupent, et il est presque superflu de dire qu'ils ont les mêmes résultats économiques, atteignent en définitive les mêmes contribuables.

Nous en avons suffisamment dit pour qu'il soit facile au lecteur de compléter seul la revue des autres points du chapitre des recettes que nous laissons à l'écart, à cause de leur moindre degré d'importance. En se rappelant ce qui précède, il verra sans peine comment les revenus des postes, les revenus universitaires, les revenus provenant des poudres, tabacs, cartes à jouer et autres revenus divers, tels que le dixième des octrois, la taxe sur la garantie des matières d'or et d'argent, les droits sur les voitures publiques, sur les brevets d'invention, sur la vérification des poids et mesures, les bénéfices sur la fabrication des monnaies et médailles, etc., comment ces droits vont toujours, véritables impôts de consommation, retomber par le même mécanisme sur la classe déshéritée des travailleurs.

Avant de quitter notre budget, examinons cependant un genre d'impôt où la vérité que nous cherchons à constater apparaît dans son plus vif éclat. Nous voulons parler de la levée de quatre-vingt mille hommes environ, annuellement votée par nos législateurs, en vertu de la loi sur le recrutement. Ce ne sont plus ici seulement les faits économiques qui consacrent une injustice monstrueuse : c'est encore la législation elle-même et avec moins de détours que jamais. La plupart des impôts reposent, en apparence du moins, sur une base proportionnée à la fortune. Mais cet impôt, surnommé l'*impôt du sang* est, au contraire, expressément établi en raison de la misère. La loi qui autorise le remplacement en présence de l'inégale répartition des richesses, refoule ostensiblement sur les déshérités cette charge si onéreuse. Avec quelle facilité le riche n'élude-t-il pas la loi du recrutement? une modique somme comparativement à son avoir lui suffit pour payer quelque prolétaire qui le remplace; c'est une contribution peu lourde, pécuniairement appréciable; et sa position dominante lui permet de recouvrer en bien des points la somme sacrifiée : quelques exigences, quelques économies, et il n'y paraît plus. Veut-il par goût embrasser la carrière des armes ? son éducation et sa fortune lui servent d'échelons pour s'élever rapidement aux plus hautes places. Combien est différente, au contraire, la position du travailleur, de celui qui ne possède pas! Quand le sort aux coups duquel il est entièrement exposé vient à le désigner, à le frapper, il se trouve astreint à un service prolongé durant le temps le plus précieux de son existence. Famille, pays, profession et projets d'avenir, il faut qu'il abandonne tout, il faut que, moyennant une solde dont l'exiguité en fait le salaire le plus bas possible, il serve sous le joug de la discipline et défende, même au péril de sa vie, un ordre de choses qui ne lui profite guère. Car, non seulement cet impôt pèse sur les contribuables en raison de leur misère, mais encore en raison de leur peu d'intérêt au maintien de l'état social. Le riche, on ne se fait pas faute de le dire, y est infiniment plus intéressé;

sa possession l'attache à ce territoire, où l'existence a pour lui tant d'attraits, où lui sont offerts sécurité, famille, amis, nobles loisirs, en un mot, tous ces biens compris et tant de fois personnifiés sous cette magique dénomination : *la patrie!*... Mais, pour le prolétaire que sa misère attèle en tout lieu au char du possesseur, la patrie n'est qu'une ombre menteuse à laquelle aucun lien ne peut sérieusement le retenir. Celle qu'on le contraint de protéger au dedans comme au dehors, c'est la patrie du possesseur! Le déshérité n'en a pas!...

Il resterait à passer aux budgets départementaux pour retrouver dans le chapitre des recettes la justification de notre thèse. Seulement, comme indépendamment des revenus des propriétés départementales et de quelques perceptions particulières, ce chapitre se compose de centimes additionnels votés par les chambres, de centimes additionnels, soit facultatifs, soit extraordinaires, soit spéciaux, votés par les conseils généraux des départemens, on concevra que tout ce qui a été dit sur les diverses contributions précédentes est applicable aux contributions spéciales qui s'y rattachent, au moins pour le vote ou la perception, sinon pour recevoir la même destination. Quant aux arrondissemens, la loi de 1838 dérogeant à la loi du 16 septembre 1807 et au décret du 16 décembre 1816, leur enlève la faculté d'avoir un budget, et les prive ainsi, sous ce rapport, de toute individualité.

Arrivons donc aux budgets communaux et prenons comme sujet de nos observations le chapitre des recettes du budget de la commune de Paris pour l'année 1845. Sa courte inspection montrera que nous n'avons pas fait à notre question une réponse téméraire et conçue *à priori*, sans observation des faits. Nos remarques seront faciles à généraliser et à étendre à tout autre budget communal.

Sans contredit, l'octroi est la plus grande source de revenus pour les communes considérables, et notamment pour celle de Paris, puisque les produits de l'octroi entrent pour 30 millions et demi dans le total de son budget des recettes, qui s'élève au chiffre de 46 millions. Les droits d'octroi sont des impôts perçus à l'entrée des villes sur divers objets de consommation locale. Les rois, depuis le treizième siècle *octroyèrent* aux villes le droit de s'imposer ainsi, sauf un prélèvement au profit de la royauté; de là dérive le nom d'octroi. Momentanément aboli en 1791, l'impôt de l'octroi ne tarda pas à être rétabli; facultatif d'abord, il fut bientôt rendu presque obligatoire. Ce genre d'imposition qui grève les boissons, les comestibles, les combustibles, les fourrages et les matériaux (lesquels sont déjà grevés de tous les impôts précédens), n'est qu'un impôt indirect, et par conséquent un impôt direct de consommation. Or, si, à première vue, l'impôt national, converti en impôt de consommation, pèse davantage sur les travailleurs qui, plus nombreux, consomment plus en masse que les possesseurs, cette même observation s'applique donc très bien, toute proportion gardée, à l'impôt levé par l'octroi sur la consommation d'une ville. La grande population pauvre de la ville de Paris, elle dont la consommation est si restreinte, si mesquine, prise individuellement, paie dans le prix de sa consommation générale une somme beaucoup plus forte que la petite population riche dont la consommation individuelle est pourtant si copieuse. Ensuite, l'impôt de l'octroi, comme tous les autres impôts quelconques, fait renchérir les boissons, comestibles, combustibles, fourrages, matériaux. A ce renchérissement résultant de tous les divers genres d'impositions, le possesseur, ne cessons de le dire, élève d'autant le montant de ses fermages et loyers, le prix de la vente de ses produits, pressurant ainsi le peuple des campagnes et des villes pour proportionner son revenu à la cherté des objets consommables et conserver son avantageuse condition. Le travailleur, privé de possession, ne saurait imiter cette façon d'agir. Exiger un salaire plus élevé en échange de son travail est chose impossible, la concurrence s'y oppose, et cette concurrence augmente à mesure que le capital se concentre davantage en quelques mains, car la concentration de la richesse raréfie la demande du travail et produit seule ces désastreux effets de la concurrence dont le vulgaire, trompé par les économistes, accuse faussement l'accroissement de la population. S'entendre, se concerter, et, par la cessation générale des travaux, contraindre le possesseur à leur donner un plus haut salaire, ce serait se rendre coupable du délit de coalition prévu par l'art. 415 du Code pénal et s'exposer aux applications rigoureuses de cette sévère prescription. Le travailleur est donc forcé de redoubler d'efforts s'il veut se procurer le même genre de vie, ou de jeûner d'avantage, de boire plus d'eau, d'endurer le froid, etc. ; de toute manière, soit par la fatigue, soit par les privations, il est forcé de supporter à lui seul, aux dépens de son corps, la taxe de l'octroi comme toutes les autres taxes (1). Les mêmes ré-

(1) Le législateur, dans l'arrêté du 29 vendémiaire an VII, qui établit la perception de l'octroi pour la commune de

flexions se reproduisent au sujet des droits prélevés aux abattoirs sur les bestiaux et les suifs, droits dont le chiffre dépasse un million. Si le lecteur n'a pas oublié que déjà un impôt exorbitant est à la frontière prélevé par la douane sur le bétail de l'étranger, que tous les bestiaux paient à l'entrée des villes des droits entre les mains de l'administration de l'octroi, il se rendra facilement compte de l'excessive cherté de la viande; il s'expliquera pourquoi cette substance nécessaire à une bonne alimentation est pourtant inaccessible à une grande partie de la population, pourquoi les viandes gâtées et jetées sur ordre de police à la voirie de Montfaucon rentrent aussitôt en contrebande dans la ville de Paris pour y être débitées au pauvre consommateur (1), pourquoi, dans la capitale

---

Paris, avait cru devoir, dans l'intérêt des classes pauvres, faire cette exception relative aux droits sur la viande : « Le » citoyen qui portera un ou plusieurs morceaux (de viande) » du poids total seulement d'un kilogramme ne paiera aucun » droit. » (Tarif contenu dans l'arrêté.) Cependant, sans qu'aucune disposition ultérieure soit venue abroger cette exception, il n'en est pas plus tenu compte que si elle n'existait pas.

Ainsi quand, par convenance ou par hasard, la loi dispose en faveur du pauvre, on sait bien la rendre lettre morte. Mais il est surprenant que celui-ci ne songe pas plus à revendiquer ses droits ouvertement violés. Devant un texte de loi aussi précis, aussi formel, que rien n'abroge, qui est en pleine vigueur, quel est le juge de paix qui pourrait se dispenser de condamner la régie de l'octroi à la restitution des droits indûment perçus?

(1) V. les Mémoires de M. Gisquet, ancien préfet de police, au tome IV.

du monde civilisé, le balayeur, le chiffonnier, etc., recherchent avidement au coin de la borne les rebuts de légumes, d'ossemens et autres ordures dont ils sont obligés de faire leur substance; pourquoi les animaux domestiques y servent à la nourriture comme dans une ville qu'un long siége a réduite à la famine (1); pourquoi, enfin, dans cette orgueilleuse cité, tant de gens ne peuvent apaiser leur faim, et vont, par suite de leur misère, encombrer journellement les hôpitaux (2). D'autres vices de notre organisation sociale, comme le droit du cumul illimité des richesses, concourent cependant à faire naître ces révoltantes conséquences. Mais les lourds impôts qui se joignent à ces mêmes vices en viennent seconder et aggraver puissamment la funeste action.

Une autre contribution est encore levée sur les divers comestibles, combustibles, etc., sous le nom de droits pour la location de places dans les halles et marchés. La somme de plus d'un million que ces droits rapportent à la ville de Paris est avancée par le marchand, lequel, dans son débit, la reprend au consommateur, et nous avons vu quelles facilités avait le riche consom-

---

(1) V. l'ouvrage de Fregier, chef à la préfecture de police, ouvrage intitulé : *Des classes dangereuses de la société.*

(2) Compulsez les comptes-rendus des cliniques médicales dans les divers hospices, vous verrez souvent l'homme de l'art ranger au nombre des causes de la maladie du sujet son état de pauvreté et de dénûment. Quant à l'encombrement, croirait-on qu'en 1844 les hôpitaux de Paris ont admis 33,336 malades et en ont refusé 4,177 ou un neuvième, *faute de lits ?* C'est à la terre seule qu'il faut demander ce que sont devenus ces infortunés.

mateur pour se soustraire aux impôts de consommation. Mais ici un moyen tout particulier lui est offert pour l'éluder, et il a grand soin de le mettre à profit. Premièrement, les comestibles, combustibles, fourrages, etc., tous les objets qu'il tire de ses domaines, lui arrivent directement sans être aucunement grevés du droit qui frappe ceux que le commerce se trouve contraint de faire passer par les halles et marchés pour rencontrer le consommateur. Secondement, ses terres sont-elles trop éloignées ou sa richesse est-elle simplement financière ? Comme la consommation de sa maison en vaut la peine, il se fait apporter directement, du dehors à son domicile, tous ses approvisionnemens, et s'affranchit ainsi d'un impôt qui en aurait certes accru le prix, s'il les avait achetés aux halles et marchés. Pourtant cette injustice aussi palpable n'est pas sans avoir été sentie, et on a proposé de confondre le genre de contribution qui nous occupe dans la perception des droits de l'octroi à l'entrée de la ville. Une telle mesure n'offrirait qu'un acte d'apparente justice, car le pauvre consommateur ne s'en trouverait pas plus dégrevé ; elle ravirait seulement au riche un moyen direct de se soustraire à l'impôt. Néanmoins, une force d'inertie, dont on pénètre aisément la cause, s'oppose même toujours à de semblables réformes.

Poursuivre cet examen fort avancé du chapitre des recettes, contenu dans le budget de la commune de Paris, pourait paraître superflu à nos lecteurs ; ils concevront sans peine que les droits perçus pour le poids public et le mesurage, la grande et la petite voirie, les entrepôts, les locations d'emplacemens sur la voie publique, la taxe des inhumations, les concessions de terrains dans les cimetières, les expéditions d'actes de l'état civil, etc., que ces divers impôts ont un caractère identique, se ramènent à des impôts de consommation, dont le possesseur ne souffre aucune atteinte, et qu'il secoue intégralement sur la classe des travailleurs.

Au reste, nous devons ici borner nos investigations; les prolonger davantage serait sans la moindre utilité et pour ceux qui nous ont compris et pour ceux qui sont encore à nous comprendre. L'impôt est exclusivement payé par la classe des travailleurs; il en est, en définitive, la sueur, la substance; le budget des recettes résume leurs angoisses et leurs souffrances, semblable à ces procès-verbaux qui, sous le régime de la question, détaillaient les tortures et les cris du patient. Ce fait économique reste démontré au point de vue spéculatif et pratique; il peut se ranger au nombre de ces vérités que l'on ne conteste guère de bonne foi.

Assurément l'impôt est le moindre des prélèvemens sur le produit du travail. Le capital monétaire dont la valeur immense ne saurait s'apprécier, en distrait une part infiniment plus considérable. Les dettes hypothécaires des propriétaires fonciers s'élevaient, en l'année 1840, au chiffre de 12,544,098,600 fr. Ce chiffre n'a fait que s'accroître depuis, car la force aspirante du capital monétaire est telle, que la propriété territoriale se monétisant sous son influence, menace d'être bientôt absorbée dans le coffre-fort du financier. Or, les intérêts annuels de la dette hypothécaire qui grève le sol et les constructions sont donc un nouveau prélèvement sur les produits du travail agricole. Imaginez alors, outre le prélèvement exercé par l'impôt sur les produits agricoles et industriels, le chiffre des prélèvemens exercés à divers titres, tant par la classe oisive des possesseurs du capital territorial et monétaire, que par la classe si nombreuse des travailleurs improducteurs, et vous apercevrez peut-être comment il se fait que, dans notre monde moderne comme dans le monde ancien, la classe des producteurs, source d'où émane pourtant toute richesse, se trouve la plus pauvre, la plus infime et la plus malheureuse. Il serait, à coup sûr, fort intéressant de porter le scalpel de l'analyse sur tous ces prélèvemens qui, on commence à le sentir aujourd'hui, semblent être les résultats iniques de la loi d'appropriation, loi déposée dans nos codes presqu'à l'origine des sociétés et dont les développemens progressifs ont enfanté notre ordre social. Mais nous dépasserions les limites de notre tâche. Contempler le prélèvement de l'impôt sur le produit du travail, analyser entre tous les autres ce seul corollaire de la loi d'appropriation, telle est l'œuvre unique que nous nous sommes proposée.

De tout temps, on a cru voir dans les impôts établis sur les objets de luxe une équitable compensation de l'inégale répartition des richesses. La plupart des législateurs qui ont eu à faire leur cour au peuple n'ont pas négligé de porter sur ce point les contributions qu'ils désiraient obtenir. La législation anglaise impose les domestiques, les chevaux, les chiens, les voitures, les armoiries, la poudre à cheveux, etc. Nous n'avons en France, pour impôts de ce genre, que ceux qui pèsent sur les cartes à jouer et sur les matières d'or et d'argent. Aussi nos publicistes et économistes réclament-ils avec instance, comme une réforme importante, l'établissement des impôts de luxe. Sans compter les hypocrites du parti libéral qui voudraient seulement procurer cette légère satisfaction d'une apparente justice à un peuple que son ignorance rend si crédule : les uns, par un esprit de morale plus ou moins sainement entendue, désirent mettre un frein au luxe du riche ; les autres pensent par là mieux arriver à réaliser la théorie de l'impôt proportionnel. En parlant des impôts de luxe, M. Cherbuliez dit : « Ce sont, de tous, ceux qui atteignent le plus sûrement le contribuable auxquels ils sont demandés, parce qu'ils l'atteignent en sa qualité de consommateur ; et comme il ne lui est point possible d'en secouer la charge sur autrui, on peut toujours les asseoir de manière à ce que la classe la plus nombreuse et la moins riche en soit entièrement exemptée. » (*Richesse ou Pauvreté*, page 116.) D'autres, plus avancés, espèrent qu'au moins, en comprimant les dépenses de luxe, cette assiette donnée à l'impôt fera diriger un travail mal employé vers une production plus généralement utile. L'établissement des impôts de luxe n'est enfin plus uniquement le préjugé des gens éclairés, c'est encore le préjugé du peuple, lequel accepte sans discernement les suggestions de toute sorte d'instituteurs. Cependant l'exemple de l'Angleterre devrait nous apprendre la valeur de ce préjugé scientifique et populaire. Le luxe y est imposé, et le peuple anglais plus que nous, quant à présent, réunit ces deux extrêmes : le dernier degré de l'abjecte misère et le dernier degré de l'orgueilleuse opulence. Mais à présent nous pouvons très bien nous expliquer ce phénomène étrange, en pénétrer tout le mystère. Le possesseur se soustrait à l'impôt de luxe par les mêmes moyens avec lesquels nous l'avons vu esquiver tout autre impôt quelconque. Frappé dans sa consommation luxueuse, il ne la restreint pas comme on voudrait s'en flatter. Il s'ingénie, au contraire, à pourvoir au paiement de l'impôt, sans déroger en rien à ses habitudes chéries. Sa possession exclusive, le monopole du capital, dont on ne tient nul compte, dont on méconnaît trop l'omnipotence, favorise singulièrement ses efforts, lui permet de déverser cette nouvelle charge sur les classes déshéritées. A l'examen de son budget privé, aperçoit-il, sous l'influence de l'impôt, ses dépenses excéder le total de ses recettes? Il se dit qu'il y aurait folle imprudence à dépasser ses revenus; que sa dépense ne saurait non plus diminuer; qu'il lui faut tant pour sa maison, tant pour sa table, tant pour son équipage, tant pour entretenir des maîtresses, des chevaux, des chiens, un nombreux domestique, tant pour ses voyages, parties de plaisirs extraordinaires, etc.; que, loin de pouvoir subir aucun retranchement, sa dépense se trouve plutôt insuffisante qu'excessive; que tenir un rang est pour lui chose obligatoire; qu'il se sent né pour ce mode d'existence; qu'il est bien facile aux êtres vulgaires, d'une nature, selon lui, différente de la sienne, aux gens dont l'esprit et les goûts sont comme la condition, moins élevés, de se contenter de peu, de très peu même, car l'habitude, jointe à leur humble naturel, les rend insensibles aux privations d'une vie mesquine; qu'au surplus le bonheur est tout relatif, et que même la pauvreté, si l'on veut en croire l'opulent Sénèque, surpasse de beaucoup la richesse en jouissances; qu'enfin, amoindrir son train ordinaire serait pour lui se réduire à la plus affreuse indigence, se soumettre au plus cruel supplice, sortir de l'atmosphère hors laquelle sa nature si distinguée, si subtile, ne saurait plus respirer et cesserait de vivre. Qualifiant ainsi de nécessaire sa consommation superflue, purement luxueuse, il ne néglige rien pour ne point souffrir des exigences du fisc, il élève le montant de ses baux, renchérit le prix des produits de son capital, diminue les salaires à l'aide de la concurrence. Disons-le, au lieu de refréner ses dépenses de luxe, l'impôt en fait bien plus un objet de jouissances et d'ostentation; il irrite sa convoitise, attise ses désirs, et le détermine à user, abuser même de sa possession pour se mettre en mesure de les satisfaire. Imposez donc le luxe du riche, vous ne ferez que déguiser un prélèvement sur le produit du travail, sur la part abandonnée aux producteurs, vous ne ferez toujours qu'imposer la misère du pauvre ! C'est la loi économique de notre organisation sociale : sur quelque objet que soit assis ou que l'on veuille asseoir l'impôt, il pèse sur la classe indigente. Tellement, qu'aujourd'hui la richesse, en dépit de la menteuse disposition contenue dans l'article 2 de la Charte, se trouve par le fait exemptée de toutes contributions, comme la noblesse, avant 89, en était dispensée, en vertu de lois expresses tenant à la constitution de l'État.

D'où vient donc que le possesseur, contribuable en apparence, se plaint sans cesse de l'accroissement progressif de l'impôt ? D'où vient qu'il réclame instamment le gouvernement *à bon marché* qu'on lui promet ? Ses lamentations sont-elles l'effet d'une méprise de sa part, d'une fausse vision des choses ? Non certainement; mais il n'est pas sans souffrir du premier établissement ou de l'augmentation de l'impôt. Comme c'est de lui que le fisc l'exige, comme il est, en quelque sorte, constitué le premier percepteur de toute contribution, sa perception ne s'exerce pas toujours sans peines et même sans pertes individuelles. En effet, sa nouvelle exigence, avant d'être satisfaite, trouve des résistances de la part du travailleur, lequel met tout en œuvre pour s'y dérober. Le possesseur allègue inutilement l'élévation de l'impôt ; le travailleur, soit qu'il pense que cette élévation est établie par le possesseur lui-même, soit qu'il l'aperçoive la déversant en entier sur lui, le travailleur ne manque pas de s'en prendre au maître, propriétaire, prêteur, etc., à l'individu qui, le plus immédiatement, le plus sensiblement, le pressure, le froisse et l'écrase. Sa résistance se manifeste par le mauvais vouloir, les ruses, les fraudes, larcins de tout genre, et parfois par la vengeance. Or, on conçoit tout le fâcheux d'un pareil tiraillement ; on se figure ce qu'a de pénible une telle position intermédiaire entre le fisc et le travailleur, combien il importe aux possesseurs d'avoir à guerroyer ainsi le moins possible contre ce dernier qu'irrite de plus en plus un sort intolérable. Outre les obstacles sans nombre que rencontre la puissance du possesseur pour secouer l'impôt sur celui qui ne possède pas, il lui arrive souvent de subir individuellement quelques pertes, car l'impôt est une dette payable d'avance, plus assurée que le recouvrement sur lequel il compte pour l'acquitter au trésor. Qui ne sait que le commerçant, par exemple, avant de vendre au consommateur les divers objets de son trafic, paie les lourdes contributions qui les grèvent plus ou moins directement? Qui ne sait que souvent il reste écrasé sous leur poids, quand, sous l'influence de causes perturbatrices, son bénéfice s'arrête ou ne réalise aucunement ses espérances? Les petits possesseurs se trouvent surtout les plus exposés à ces sortes de mécomptes. Enfin le possesseur, d'après les grandes leçons du passé, pressent peut-être que l'élévation du chiffre de l'impôt est la cause prédisposante des révolutions des États, lesquelles éclatent ensuite à la moindre cause occasionnelle ou déterminante. Les esprits clairvoyans ne se laissent pas prendre aux paroles dorées des gouvernans ; loin de voir en cette augmentation le thermomètre de la prospérité toujours croissante, ils comprennent, au contraire, que le lourd fardeau des impôts, pressurant de toutes parts la masse entière des travailleurs, l'exaspère plus que les vexations particulières auxquelles chacun croit toujours pouvoir échapper. En voilà bien assez, ce me semble, pour affecter sérieusement le possesseur sur l'extension progressive des contributions, sur un fait si réel qu'il a permis de formuler ce désolant principe de droit fiscal : *L'impôt va sans cesse s'augmentant et ne diminue jamais.* Bien qu'en vérité il ne paie aucun impôt, son intérêt lui fait entrevoir tout ce qu'il doit redouter du résultat de leur élévation inconsidérée, soit pour le présent, puisqu'elle n'est pas acceptée sans contrainte et résistances, soit pour l'avenir, puisque l'oppression comme toute chose à ses limites.

CHAPITRE II.

A qui profite l'impôt?

Il a été démontré au chapitre précédent que les producteurs seuls fournissent l'impôt avec leur travail; recherchons à présent quel usage il en est fait, quelle classe d'individus en recueille tout le profit; examinons si le dixième environ du produit du travail national, une fois attiré sous le nom d'impôt dans le grand réservoir appelé trésor, est ensuite restitué aux producteurs, vient leur rendre au moins l'équivalent de ce qu'ils ont procuré, si enfin, par un cercle merveilleux, cette portion de richesse ne fait que changer de place et retourner sans cesse à son point de départ. C'est toujours continuer la solution de notre question principale : *Qui paie l'impôt?* c'est même l'approfondir davantage, loin de s'en écarter. En effet, si le producteur, qui déjà contribue seul, ne profite, pour ainsi dire, pas de l'emploi des contributions; c'est bien lui seul qui les paie intégralement; si le possesseur, outre qu'il a toute facilité pour s'en affranchir, voit l'impôt tourner presque tout à son avantage, c'est bien lui qui de toute façon ne le paie pas; il faut même reconnaître que la perception n'a lieu qu'à son bénéfice exclusif, comme la levée des tributs sur le vaincu ne profite jamais qu'au vainqueur. Voilà pourtant précisément comment les choses se passent : en les contemplant à ce point de vue, il suffit d'un rapide coup d'œil sur le chapitre des dépenses contenu dans les divers budgets, pour dédouvrir que l'impôt est sensiblement dépensé plutôt au profit du possesseur qu'à celui du travailleur; de sorte que la part du premier sur le produit du travail se grossit de tout l'impôt, et la part du second diminue d'autant. Au lieu de l'utiliser, de l'employer au bien-être des travailleurs par des améliorations progressives, au lieu de reverser sur eux en pluie bienfaisante ce milliard et demi, produit de leurs sueurs, tout est impitoyablement sacrifié aux services improductifs; tout se trouve absorbé pour illustrer l'orgueilleuse civilisation, pour alimenter des ambitions que rien ne peut assouvir, pour salarier la garde nombreuse qui procure aux oisifs possesseurs la paisible jouissance de leurs revenus. Les retranchemens faits sur la subsistance du peuple n'ont en somme pas d'autre destination.

Le lecteur pourra s'édifier à ce sujet en parcourant les tableaux sommaires et pourtant précis des divers budgets de dépenses. Malgré la spécialité des exemples, cette théorie de la répartition des fonds publics n'en doit pas moins être regardée comme théorie générale, car leur dispensation ne change guère d'année en année; excepté les chiffres qui s'enflent, l'économie des divers budgets et la pensée qui les domine restent invariables. Nous les livrons donc à ses propres méditations en les accompagnant toutefois de quelques remarques générales propres à étayer notre thèse; il lui sera facile de suppléer aux détails que le cadre étroit de notre travail nous contraint de passer sous silence; une fois placé sur la voie de la vérité, l'esprit y peut cheminer aisément.

BUDGET NATIONAL DES DÉPENSES

Pour l'an 1846.

DETTE PUBLIQUE.

Dette consolidée et amortissement.	281,548,236	
Emprunts spéciaux pour canaux et travaux divers.............	10,195,300	
Intérêts de capitaux remboursables à divers titres des cautionnemens	25,000,000	373,934,536
Dette viagère comprenant les rentes viagères, pensions civiles et accordées aux militaires, ecclésiastiques, veuves de pairs, pensionnaires de l'ancienne liste civile.....................	57,191,000	

DOTATIONS.

Liste civile, y compris le douaire de madame la duchesse d'Orléans.....................	13,300,000	
Chambre des pairs............	720,000	14,794,451
Chambre des députés..........	774,451	

MINISTÈRE DE LA JUSTICE ET DES CULTES.

Justice.

Administration centrale, personnel et matériel..............	692,008	
Conseil d'État : personnel et matériel.....................	692,008	
Cours et tribunaux, tant au civil qu'au criminel...............	17,790,745	23,089,953
Frais de justice criminelle et statistiques....................	4,400,000	
Secours et subventions à des juges et employés................	55,000	
	A reporter........	411,818,940

Cultes.

Report.		411,818,940
Administration centrale, personnel, matériel, subventions..	250,373	
Culte catholique, comprenant les traitemens, dépenses, indemnités, alloués aux cardinaux, archevêques, évêques, membres des chapitres et du clergé paroissial, les secours à des ecclésiastiques et religieuses, les bourses des séminaires, les dépenses pour le service intérieur des édifices diocésains, pour acquisitions, constructions, entretien de ces édifices, des églises et presbytères, les secours à divers établissemens ecclésiastiques..........................	36,288,900	37,903,658
Cultes protestans, personnel et matériel....................	1,237,985	
Confession d'Augsbourg........	16,000	
Culte israélite.................	110,400	

MINISTÈRE DES AFFAIRES ÉTRANGÈRES.

Administration centrale, personnel et matériel...............	707,122	
Traitemens des agens du service extérieur : agens politiques et consulaires en activité ou inactivité..........................	5,192,800	8,755,391
Dépenses variables : frais d'établissemens, de voyages, courriers, missions ordinaires et extraordinaires ; présens, indemnités, secours, subvention à la caisse des retraites.	2,775,469	
A reporter.		458,477,989

MINISTÈRE DE L'INSTRUCTION PUBLIQUE.

Report.		458,477,989
Administration centrale, personnel et matériel..............	655,100	
Université, conseil royal, inspections, services généraux, Académies....................	1,814,025	
Instruction supérieure et secondaire....................	3,048,356	
Instruction primaire............	7,016,000	17,173,008
Institut, Collége de France, Musée d'histoire naturelle, Observatoire, bibliothèques, et autres établissemens scientifiques et littéraires...................	2,037,877	
Souscriptions, encouragemens, secours, missions et travaux scientifiques..................	701,800	

MINISTÈRE DE L'AGRICULTURE ET DU COMMERCE.

Administration centrale, personnel et matériel.................	747,680	
Agriculture et haras, écoles vétérinaires, bergeries, encouragemens à l'agriculture, haras, dépôts, achats d'étalons, primes..	3,821,500	
Manufacture et commerce, Conservatoire et écoles des arts et métiers, encouragemens aux manufactures et au commerce, aux pêches maritimes, publication de brevets d'invention, statistiques, poids et mesures, frais de surveillance des sociétés et agences tontinières	6,158,000	14,087,120
Etablissemens thermaux et sanitaires......................	599,500	
Secours aux colons, et secours spéciaux pour pertes résultant d'incendie, de grêle, d'inondations et autres cas fortuits....	2,760,440	
A reporter.		489,738,117

MINISTÈRE DE L'INTÉRIEUR.

Report.		489,738,117
Administration centrale, personnel et matériel.	1,342,954	109,660,108
Dépenses secrètes ordinaires de police générale (1).	932,000	
Télégraphes, gardes nationales. . .	1,305,200	
Beaux-arts, ouvrages d'art, décoration d'édifices publiques, conservation d'anciens monumens historiques, subventions aux théâtres royaux, encouragemens, souscriptions et secours à des artistes et auteurs.	3,261,900	
Secours généraux : Secours aux établissemens généraux de bienfaisance, aux hospices, bureaux de charité, aux gens qui ont droit à la bienveillance du gouvernement, aux combattans de juillet, aux étrangers réfugiés en France, subventions aux compagnies pour exécution de travaux divers.	3,562,000	
Services départementaux : Traitement des fonctionnaires administratifs, commissaires de police, frais d'administrations des préfectures et sous-préfectures.	16,368,900	
Service départemental imputable sur ressources spéciales, où sont comprises les dépenses pour les chemins vicinaux.	82,887,154	
A reporter.		599,398,225

(1) Il ne faut pas se figurer que les dépenses de notre police secrète se bornent à la somme de 932,000 fr. Le ministère, à la fin de chaque session, ne manque pas d'y ajouter encore un million par la voie si facile des crédits supplémentaires; et, sur la simple protestation du bon emploi de ces fonds, nos législateurs jettent toujours dans l'urne assez de boules blanches pour ratifier cette dépense avec tant d'autres qui leur sont soumises après entier accomplissement. Si de plus vous songez que la majeure partie de ces fonds secrets se dépensent à Paris, le point de centralisation, et si, par la pensée, vous placez ici près de 11 millions alloués au préfet de police par la commune de Paris (voir le tableau ci-après, page 106), vous trouverez que, dans la ville où réside le pouvoir, 12 millions environ sont annuellement dévorés par la police.

MINISTÈRE DES TRAVAUX PUBLICS.

Report.		599,398,225
Administration centrale, personnel et matériel..................	633,500	161,268,567
Personnel des divers services....	5,445,400	
Services ou travaux ordinaires, mines, ports, bâtimens civils, édifices publics, voies de communication, routes, rivières et chemins de fer..............	55,648,150	
Services ou travaux extraordinaires de semblable nature......	101,541,517	

MINISTÈRE DE LA GUERRE.

Administration centrale, personnel et matériel.................	1,855,050	325,590,929
Etats-majors, gendarmerie, frais d'impressions, recrutement, garde municipale de Paris, justice militaire...............	40,747,071	
Solde et entretien des troupes...	145,267,665	
Autres services de l'armée, habillemens, lits, remontes, harnais, fourrages, poudres, matériel du génie et d'artillerie, écoles militaires, invalides de la guerre.	89,435,603	
Services d'Algérie.............	20,171,540	
Fortifications de Paris..........	12,000,000	
Autres travaux extraordinaires...	16,120,000	

MINISTÈRE DE LA MARINE ET DES COLONIES.

Administration centrale, personnel et matériel................	1,157,895	114,360,646
Service général, officiers, gardiennage, solde et habillement des équipages et troupes, hôpitaux, vivres, matériel naval, artillerie, poudres, écoles, affrètemens..........................	87,622,785	
Service scientifique, sciences et arts......................	966,300	
Service colonial..............	20,044,560	
Travaux extraordinaires dans les ports, arsenaux, digues et autres établissemens...........	4,700,000	
A reporter.		1,200,618,367

MINISTÈRE DES FINANCES.

Report.		1,200,618,367
Cour des comptes.............	1,157,895	17,403,074
Administration centrale, personnel et matériel..............	6,652,779	
Service des établissemens monétaires, monnaies et médailles, presses mécaniques...........	231,400	
Service de trésorerie, traitement et frais de service des receveurs généraux et particuliers des finances dans les départemens......................	9,361,000	

Frais de régie, de perception et d'exploitation des impôts et revenus publics.

Personnel, matériel, dépenses diverses.		
Contributions directes.....	17,634,245	149,739,225
Enregistrement, domaines et timbre...............	14,312,700	
Forêts.................	5,420,500	
Douanes.................	25,669,800	
Contributions indirectes...	22,556,780	
Poudres à feu...........	2,721,120	
Tabacs.................	31,828,720	
Service des postes.........	32,589,361	

Restitutions, non-valeurs, primes et escomptes.

Restitutions et non-valeurs sur les contributions directes.........	45,770,740	66,678,740
Restitutions sur produits indirects........................	2,366,000	
Répartition en matière de douanes, de plombage, d'amende, etc..,	4,662,000	
Primes à l'exportation des marchandises.....................	11,500,000	
Escomptes sur divers droits.....	2,380,000	
Total du budget de 1846.		1,434,439,406

A ce total de 1,431,439,106 fr., ajoutons la somme des crédits de toute sorte ouverts après le vote législatif, crédits ordinaires, crédits extraordinaires, crédits extraordinaires spéciaux, crédits complémentaires, crédits supplémentaires... etc., et nous trouverons que la nation ne dépense pas moins de 1,500 millions ou un milliard et demi par an, environ 500 millions de plus qu'en l'année 1834. Douze années d'un semblable progrès vont suffire pour élever à deux milliards le chiffre de notre dépense.

Quoi qu'il en soit, il ne faut pas lire et relire beaucoup ce tableau sommaire de notre budget des dépenses avant d'apercevoir l'esprit qui préside à la dispensation de l'impôt prélevé sur le produit du travail : c'est à peine si le producteur en obtient quelque faible parcelle. Presque rien n'y est accordé à la production des choses nécessaires et utiles ; aussi, ce dernier, qui, dans notre état social, ne saurait attendre un peu de bien-être que quand elle abonde, ne retire, à proprement parler, aucun avantage d'un impôt qu'il fournit annuellement. La vérification de ce fait n'est malheureusement que trop simple.

En réunissant ce que coûtent les administrations centrales de tous les services, le budget complet du ministère des finances, les frais de régie, perception, exploitation, les non-valeurs en restitutions sur les produits des contributions directes et indirectes, les répartitions en matière de douanes, d'amende de plombage ; en formant le total de toutes ces sommes diverses uniquement employées à la levée et au maniement de l'impôt, nous trouvons d'abord 228 millions entièrement absorbés sans le moindre profit pour la production. C'est un peu plus du septième de tout le montant de l'impôt. Nous avons beau mieux aligner nos chiffres, compter et recompter encore, ce total de 228 millions se reproduit toujours impitoyable, et malgré la meilleure intention force est à nous de distraire de notre impôt, de 1,500 millions, ces 228 millions dépensés seulement pour l'obtention et la manutention de ce même impôt.

Après avoir déduit du chiffre de la dette publique une dizaine de millions affectés aux emprunts spéciaux pour canaux et travaux divers, il reste encore près de 364 millions qu'il est nécessaire de retrancher au même titre, comme dévorés aussi en pure perte pour la production. 228 et 364 millions donnent 592 millions à ôter de nos 1,500 millions. Le producteur n'a pas la plus petite part à y prétendre.

Maintenant considérerons-nous comme une dépense qui lui soit profitable celle de 15 millions environ alloués tant pour la liste civile que pour autres dotations? nullement. Le plus zélé courtisan trouverait à peine des sophismes pour le soutenir. Hâtons-nous de passer outre.

Nommerons-nous productive l'allocation de 325 millions faite au ministère de la guerre (sans compter la dépense des forces de près de 400 mille hommes)? pas davantage, car qui s'aviserait de prendre au sérieux cette assertion de certains économistes qui semblent avoir eu mission de l'émettre, tant elle s'écarte de la vérité. « Le budget de la guerre, vous disent-ils, est essentiellement productif, puisqu'il sert à protéger la production au dehors comme au dedans. » Sans doute, cette façon de raisonner ne manquerait pas de sens, si la force armée n'avait pour but unique que la défense du territoire, la protection de la production au profit de tous et surtout des producteurs. Encore faudrait-il, en ce cas, prouver la nécessité de tant de forces et d'argent, même démontrer que notre régime militaire est le plus économique qu'on puisse adopter. Mais non, tous ces milliers de soldats, tout ce formidable attirail de guerre, paraissent principalement destinés à garantir entre quelques mains le cumul du capital et de la production, contre les déprédations intérieures et contre les envahissemens de l'étranger. Si, grâce à ces 325 millions, si, moyennant cette prodigieuse allocation faite au ministre de la guerre, le capital et ses produits sont conservés à leurs possesseurs, ces énormes frais de garde ne rapportent rien aux travailleurs qui ne possèdent pas, qui à leur défaut resteraient dans la même condition, tout au plus exposés à changer de maîtres ; or, quand ce changement s'opérerait, les nouveaux leur donneraient à peu près les mêmes occasions de travail, et, en échange, le même salaire pour subsister. Peut-être est-il possible d'avancer, sans sortir du vrai, que l'envie de maintenir le petit nombre en des possessions souvent en butte aux attaques, a fait admettre en Europe le régime militaire le plus coûteux, détermine, en outre, à déployer dans le système des armées permanentes un luxe de dépenses improductives fort contraire à l'intérêt du bien-être général. Autrement, qui nous expliquerait pourquoi la guerre, cette industrie destructive, nous consomme annuellement, durant la paix, 325 millions, tandis que 4 millions sont à peine employés à favoriser l'industrie nourricière par excellence, nous voulons dire l'industrie agricole ? comment comprendre pourquoi le budget de la guerre est environ 85 fois plus considérable que le budget de l'agriculture ou pourquoi ce dernier ne fait que la quatre-vingt-cinquième partie du premier ? de quelle manière se rendre raison de l'énorme différence qui existe entre les dépenses de la guerre et les dépenses consacrées aux manufactures, au commerce, lesquelles s'élèvent à un peu plus de 6 millions seulement, à peine au

BLIOTHEQUE ROYA

double du chiffre destiné à l'agriculture ? Cette importance financière que reçoit dans notre budget l'industrie destructive, préférablement aux autres, révèle le caractère brutal de nos sociétés prétendues et donne la mesure de cette civilisation dont nous avons la sottise d'être si fiers ; elle montre que nous vivons constamment sur le pied de guerre, aussi bien à l'intérieur qu'à l'extérieur ; que ce que nous appelons la paix n'est, à proprement parler, qu'une suspension d'hostilités, une véritable trêve entre des intérêts ennemis.

La somme de vingt-trois millions affectée à l'entretien de la justice n'est-elle pas du moins une dépense d'absolue nécessité, un emploi très productif des revenus publics ? Certainement rien n'est plus vrai pour les frais de justice criminelle qui protégent toutes les personnes et leur fournissent à peu près une égale sécurité. Il n'en est pas de même pour les frais de la justice criminelle destinée à défendre les biens des possesseurs, à les maintenir entre leurs mains, puisque ces frais sont inutiles aux producteurs, lesquels n'ont pas de possessions à garder. Mais ce serait s'abuser profondément que de se prononcer pour l'affirmative quant à tout ce qui concerne la dépense de la justice civile ordinaire (cours et tribunaux de première instance). Celle-ci n'ayant d'autre objet que la décision des contestations élevées entre les possesseurs de biens au sujet de leurs possessions, il est impossible d'entrevoir en quoi le producteur y trouve avantage, lui qui, ne possédant rien, n'a jamais lieu d'y recourir, et pour ses petits différends s'adresse simplement à la justice d'exception, beaucoup moins dispendieuse (juges de paix, conseils de prudhommes). Les économistes qui ont avancé d'une manière générale que le juge protégeant la production devait être considéré comme producteur, se sont donc gravement trompés, s'ils n'ont voulu toutefois tromper eux-mêmes au moyen de ce sophisme. La terre disputée, la somme réclamée à divers titres, n'en fructifieront ni plus ni moins, parce qu'une sentence judiciaire les aura dévolues à Pierre de préférence à Paul. En attendant la fin du litige, le sol ne cesse pas d'être loué, affermé, cultivé, et la somme d'argent a toujours la destination qui lui est propre. Comme la discussion ne roule que sur des titres, la production généralement n'a rien ni à perdre, ni à gagner par suite de sa terminaison ; elle demeure totalement étrangère aux débats élevés sur la possession du capital. La preuve en est que, si, par exemple, les possesseurs terriens étaient tout d'un coup rendus fermiers de l'État, alors unique propriétaire, tous les débats relatifs à la possession de la terre finiraient sans altérer en rien l'œuvre de la production agricole.

De quelle utilité peut encore être pour la production cette dépense de trente-sept millions consacrée à l'exercice des différens cultes? L'emploi de cette somme est sans contredit fort improductif. — Quoi! nous objectera-t-on, la religion ne procure-t-elle pas la nourriture de l'esprit, plus importante que celle du corps? — A cette allégation, dont nous ne discuterons pas la valeur intrinsèque, nous répondrons que l'entretien du corps doit forcément précéder celui de l'esprit; le premier étiolé, souffreteux, mourant, le second en même temps perd ses forces, languit et s'affaisse. Restaurez au contraire, substantez le corps, et l'alimentation spirituelle, plus facile à répandre, prodiguera les bienfaits qu'elle contient. Comment veut-on qu'ils entendent et acceptent ce qu'on appelle la parole de vie, ces producteurs qu'un rude labeur tue au moral comme au physique, que la misère affame et décime chaque jour? — La religion répliquera-t-on, allége précisément leurs maux, car elle est, avant tout, mère consolatrice des pauvres et des malheureux. — Quelle qu'elle soit, et nous n'avons pas à le rechercher ici, la meilleure consolation à leur donner, n'est-ce pas de travailler à les tirer de leur pénible condition? Or, de bonne foi, s'en occupe-t-elle? Oserait-on l'affirmer et braver à ce point le double démenti de ses actes et de sa doctrine? En vérité, serait-ce blesser les intérêts des travailleurs, que de détacher au moins une bonne part de ces trente-sept millions, afin de les utiliser à accroître la production généralement utile? Ce personnel qui devient de plus en plus nombreux ne pourrait-il se restreindre sans que le travailleur en souffre? L'exercice du culte a-t-il vraiment besoin d'un matériel aussi coûteux? Que les grands d'ici-bas se complaisent à posséder des palais chargés d'ornemens et de parures, des palais où se cristallise, pour ainsi dire, lasueur des travailleurs, qui n'ont pas eux-mêmes toujours un mauvais gîte, l'égoïsme humain nous l'explique; mais ces édifices religieusement décorés que nous érigeons en foule sur notre chétive planète, en quoi peuvent-ils paraître agréables à la divinité, qui a pour temple l'univers éclairé par tous les soleils des mondes? La mettre ainsi au niveau des puissances terrestres, c'est la rapetisser infiniment, et il nous semble qu'au rebours de celles-ci elle doit blâmer toute vaine dispensation du travail et de ses produits, comme tendant à appauvrir davantage tant de pauvres créatures déjà d'autre part suffisamment affligées.

A quoi bon poursuivre cette élimination des dépenses

improductives ? Récapitulons, pour en finir, les dépenses productives, celles qui sont susceptibles de profiter aux producteurs, plus ou moins directement. Les dépenses pour l'instruction primaire, pour les subventions aux établissemens de charité, celles même, à la rigueur, qui sont cousacrées à l'agriculture, aux manufactures, au commerce, peuvent être regardées comme leur étant directement profitables. Supputons, d'après une large approximation, les avantages que leur procurent les dépenses pour établissemens scientifiques, pour divers travaux publics, en mines, bâtimens et voies de communication, l'intérêt de sécurité qu'ils doivent avoir dans les frais de la justice criminelle et l'entretien de la force armée aussi bien sur mer que sur terre ; additionnons tous ces calculs spéciaux, et nous affirmons qui si l'on veut être de bon compte, la dépense faite au profit direct ou indirect de la classe des producteurs n'excède pas de beaucoup le chiffre de 100 millions. Notre proposition semble-t-elle exagérée? que l'on élève ce chiffre au double, même au triple, cette vérité pénible à exposer n'en ressortira pas moins de tout ce qui précède : L'impôt national prélevé sur le produit du travail, intégralement payé par le producteur, s'emploie en majeure partie à l'avantage du possesseur et des gouvernans, dont il sert à salarier le travail improductif.

Si du budget national nous passons aux budgets des départemens et des communes, nous rencontrons partout le même esprit dans l'usage des revenus publics.

Chaque budget départemental divise habituellement son chapitre des dépenses en deux sections : la première embrasse les dépenses ordinaires et obligatoires, qui sont ; l'entretien des édifices départementaux, les contributions dues pour les propriétés du département, le loyer et ameublement des hôtels de préfecture et sous-préfecture, le casernement de la gendarmerie, les dépenses des prisons départementales, les frais de translation des détenus, des vagabonds et des forçats, les loyers, mobiliers et menues dépenses des cours et tribunaux, le chauffage et l'éclairage des corps-de-garde, l'entretien des routes départementales, la portion de chaque département dans la dépense des enfans trouvés et des aliénés, les frais de route accordés aux voyageurs indigens, les frais d'impression et de publication des listes électorales et du jury, les frais de tenue des colléges et diverses assemblées pour les élections, les frais d'impression des budgets et comptes des départemens, la part à la charge des départemens dans les frais des tables décennales de l'état civil, les frais relatifs aux mesures sanitaires, les primes pour la destruction des animaux nuisibles, les dépenses de garde et de conservation des archives du département. La deuxième section comprend les dépenses facultatives, dites *d'utilité départementale*, par opposition aux précédentes, dites *d'utilité générale*; ces dépenses sont variables, mais elles sont faites à peu près pour objets analogues. Les conseils généraux votent, en outre, assez souvent des dépenses spéciales, affectées aux chemins vicinaux et à l'instruction primaire, enfin, parfois, des dépenses extraordinaires, qui permettent de pourvoir à des emprunts propres à rendre les ressources ordinaires suffisantes. Les ordonnateurs de toutes ces dépenses ne paraissent pas se douter le moins du monde que tout impôt provient en définitive des producteurs, puisqu'il n'est qu'un prélèvement sur le produit de leur travail. Selon toute raison, l'emploi devrait en être fait surtout dans leur intérêt, tandis que le contraire arrive. Il en est disposé absolument comme si le possesseur en payait la plus grande part; c'est à son avantage que tourne la majeure partie des dépenses; elles tendent toutes à favoriser sa position déjà si favorable. On est loin d'y négliger ce qui peut servir à la maintenir, en être la sauvegarde; c'est même principalement dans cette vue que se répartissent les revenus publics. État social vraiment bizarre! Le travailleur est contraint de se livrer aux plus grandes fatigues, d'endurer des privations de tout genre, pour fournir de quoi protéger des possessions dont il ne jouira jamais; car le droit d'y prétendre que lui donne la loi devient, en présence des faits, une chimère, un mensonge, une véritable dérision. Il s'en faut bien qu'il y ait pour tout le monde sous un régime qui consacre le droit de cumul illimité. Le législateur appelle tous les citoyens aux jouissances de la possession, comme s'il ignorait que, d'après sa loi d'appropriation, il ne peut y avoir que peu d'élus: *omnes vocati, pauci electi.*

Pour donner au lecteur une idée de la nature des dépenses contenues dans les budgets communaux, plaçons sous ses yeux le tableau sommaire des dépenses de la commune de Paris pour l'exercice de l'année 1846. D'après cet exemple, il demeurera convaincu que la classe des producteurs n'est pas mieux partagée dans la répartition de l'impôt communal. C'est, en effet, toujours le même système.

BUDGET DES DÉPENSES

DE LA VILLE DE PARIS POUR L'EXERCICE DE 1846.

DÉPENSES FIXES.

Dette municipale.	4,598,599	fr.	68 c.
État civil, registres, confection de tables décennales.	57,787		
Contribution foncière des propriétés de la ville de Paris, polices d'assurances.	88,600		
Prélèvement au profit du trésor (notamment sur les produits de l'octroi).	4,720,018		
Total.	9,465,004	fr.	68 c.

DÉPENSES VARIABLES.

Préfecture de la Seine, mairie centrale, personnel et matériel. . . .	713,600	fr.	»» c.
Mairies d'arrondissemens, personnel et matériel.	438,355		
Frais d'exploitation ou de perception à l'octroi, aux abattoirs, entrepôts, halles et marchés.	2,962,662		
Instruction primaire, personnel et matériel.	969,181		
Cultes, loyers d'églises n'appartenant pas à la ville, indemnités de logemens, subvention au consistoire israélite, pour éteindre la dette du temple. .	91,218		34
Inhumations et cimetières, vérification des décès, frais d'inhumation à l'entreprise des pompes funèbres, garde des cimetières, achats, locations de terrains.	419,350		
Garde nationale et service militaire; loyer, entretien des corps de garde,			
A reporter. . . .	5,594,366	fr.	34 c.

Report.	5,594,366 fr. 34 c.
matériel des légions, traitement des états-majors, loyers des casernes. .	956,262
Grande voirie; indemnités pour retranchement de terrains, traitemens des architectes, inscription des noms de rues, continuation du plan d'alignement de Paris.	641,500
Travaux d'entretien de l'Hôtel-de-Ville, des mairies, du Palais-de-Justice, des églises, colléges royaux et facultés, des magasins, casernes, corps-de-garde, des halles et marchés, abattoirs, cimetières, du pavé à la charge de la ville, des trottoirs, des entrepôts des boissons.	2,390,844
Grosses réparations; relevé à neuf et élargissement des trottoirs, anciens égouts, dragage dans le lit de la Seine.	190,000
Frais de direction de travaux; traitement des architectes, inspecteurs, ingénieurs et employés.	374,610
Dépenses diverses, frais judiciaires et d'expertise en matière contentieuse de timbre, diverses indemnités, subvention à la caisse d'épargne, conseils de prudhommes.	202,470
Hospices et établissemens de bienfaisance; subvention aux dépenses annuelles, des hôpitaux et hospices, dépenses des enfans trouvés et orphelins, des aliénés indigens, encouragemens à divers établissemens charitables. .	5,519,718
Total.	15,869,770 fr. 34 c.
A reporter.	15,869,770 fr. 34 c.

PRÉFECTURE DE POLICE.

Report.	15,869,770 fr. 34 c.
Dépenses portées au budget de M. le préfet de police.	10,752,877 fr. 25 c.
Total des dépenses variables. . . .	26,622,647 fr. 59 c.

DÉPENSES FACULTATIVES.

Bibliothèques, promenades et travaux d'art; entretien du palais des Beaux-Arts, de la place de la Concorde, des Champs-Élysées.	176,980
Colléges et établissemens d'instruction publique; bourses dans les colléges, les écoles d'arts et métiers, d'arts et manufactures.	127,482
Pensions et secours à des veuves d'employés, d'ingénieurs, à des ouvriers réformés du service des carrières.	13,040
Fêtes publiques, entretien du mobilier des fêtes et banquets, fêtes et divertissemens, actes de bienfaisance. .	262,000
Total.	597,502 fr. »» c.

DÉPENSES EXTRAORDINAIRES.

Dépenses imprévues.	1,434,245	66
Grands travaux neufs; travaux d'architecture à l'Hôtel-de-Ville, à diverses églises et autres monumens, plusieurs acquisitions de maisons, travaux dans les hôpitaux et hospices; travaux à la boulangerie générale; travaux des ponts et chaussées, aux carrières, aux		
A reporter.	1,434,245 fr. 66 c.	

Report.	1,434,245 fr. 66 c.
ponts, au pavage, à l'amélioration des divers boulevarts, aux trottoirs, égouts et rues; travaux hydrauliques; égouts, nivellement des rues, distribution générale des eaux, assainissement des boulevarts, urinoirs sur la voie publique, grande voirie, ouverture et élargissement de rues.	7,915,815
Total.	9,350,060 fr. 66 c.
Total général des dépenses de 1845.	46,017,214 fr. 93 c.

Additionnez ensemble les sommes dépensées : pour acquitter la dette municipale, pour la préfecture de la Seine, les mairies d'arrondissemens, pour l'exploitation et la perception de l'impôt, pour les cultes, la garde nationale et la préfecture de police, pour les bibliothèques, les promenades, les travaux d'art, les colléges et autres établissemens d'instruction publique, pour les fêtes publiques. Considérez ce total de près de vingt-six millions et cherchez-y la part du producteur; calculez encore l'intérêt que vous estimerez devoir lui revenir dans les autres dépenses consacrées aux inhumations et cimetières, à la grande voirie, aux travaux pour entretien, réparation, construction d'églises, de casernes, de corps-de-gardes, mairies, colléges, facultés, égouts, trottoirs, entrepôts, boulevarts, etc., aux hospices, établissemens de bienfaisance, même à l'entretien et à l'éducation des enfans trouvés, dont le riche aussi bien que le pauvre concourt à former la classe nombreuse. Supputez bien tout avec la plus rigoureuse exactitude et voyez si nous avons eu tort d'avancer que l'impôt communal s'emploie presque totalement au bénéfice du possesseur. Malheureusement rien n'est plus positif; c'est pour payer des bourses dans les colléges, entretenir des promenades, faire des travaux d'art, ériger des bibliothèques, des églises, des colléges royaux, facultés et autres monumens, que l'on prélève un impôt sur les denrées nécessaires, sur les combustibles, comestibles, etc., qu'on les fait renchérir, et qu'on ravit ainsi la part dont jeûne forcément le consommateur pauvre.

Budget national, budgets départementaux, budgets communaux, tous ont donc la même tendance, tous font donc profiter le riche d'un impôt qu'il ne paie réellement pas; leur inspection rapide nous met donc en droit de formuler ainsi la réponse demandée par cette question : *A qui profite l'impôt?* L'impôt ne profite guère aux vrais producteurs, qui le paient en totalité pourtant, mais aux possesseurs et aux gouvernans qui, sans s'en douter peut-être, « n'ont, selon l'expression de M. Pierre Leroux, plus d'autre fonction que celle de *gendarmes* veillant à ce que le capitaliste oisif consomme sans trouble sa rente dans tous les débordemens du luxe... » (*Revue sociale*, mars 1846.) Ce sont là des faits irrécusables auxquels notre esprit peut ne point songer, mais qu'il chercherait vainement à méconnaître, après les avoir entrevus. Que peuvent les raisonnemens, les sophismes contre des faits? Montrer leur impuissance en donnant plus de relief à la réalité. Rien de plus évident, rien de plus saisissable qu'un pareil système, mais aussi rien de plus inique, rien de plus odieux. C'est du peuple que provient l'impôt et c'est à l'avantage du riche qu'on l'emploie : comme une nation vaincue devient tributaire de celle qui l'étreint sous sa domination, ainsi, le peuple est rendu tributaire des riches, qui l'épuisent sans pitié!

Cependant, combien on pourrait ménager grandement les ressources publiques afin de les employer à l'avantage des travailleurs! Combien il serait aisé d'éviter une si ample déperdition des produits du travail au détriment des créateurs de ces produits! Si l'on s'en souciait, si l'on tenait à tempérer l'iniquité du système, que d'économies considérables on réaliserait pour les destiner à un meilleur usage! Essayons de montrer que, sans tomber dans une impraticable utopie, plusieurs centaines de millions seraient faciles à épargner sur le montant actuel de l'impôt :

En méditant quelque peu sur notre budget des dépenses, une première observation se présente naturellement : on se demande pourquoi le législateur perçoit l'impôt sur tant d'objets divers et multiplie les administrations dispendieuses. Puisque tout impôt quelconque se convertit définitivement en impôt de consommation, puisque les impôts de toute nature, quel que soit l'objet sur lequel ils portent, quels que soient les membres de l'État dont on les exige, vont s'adjoindre aux prix des objets consommables, ne vaudrait-il pas mieux, partant d'un fait économique aussi constant, réunir tous les impôts en un seul et asseoir cet impôt unique sur un seul objet, sur la rente territoriale, par exemple, sur le produit net du sol? Le propriétaire foncier, nous le savons, s'empresserait de rehausser la valeur des produits agricoles; l'industrie, frappée par leur cherté, élèverait à son tour et en proportion le prix de ses produits. Bientôt les objets consommables circuleraient presque simultanément grevés, et le consommateur, en les achetant, se trouverait infailliblement atteint. Rien ne changerait assurément dans les résultats économiques de l'impôt. Le consommateur pauvre n'en supporterait pas moins lui seul toute cette lourde charge; mais on économiserait la majeure partie des énormes frais de recouvrement que présente notre système financier. Un impôt unique, levé par une seule administration, ferait supprimer toutes les perceptions diverses et les embarras qu'elles occasionnent. Nous serions délivrés de toutes ces administrations qui, comme autant de ligatures, étranglent le corps social et ralentissent son développement, en gênant la libre circulation des produits. L'odieuse institution des douanes n'aurait plus pour se soutenir une de ses principales colonnes: l'intérêt de fiscalité; et, en attendant mieux, les populations profiteraient de l'élargissement du champ de la concurrence. Ce projet, qui simplifierait tant la levée de l'impôt, ménagerait les ressources pour en faire un plus utile emploi et, indépendamment de l'avantage financier, amènerait d'autres heureux résultats, ce projet avait été déjà proposé par les économistes physiocrates, lesquels, voulant faire subir à la rente seule tout le fardeau des contributions, « commirent, dit M. Cherbuliez, l'erreur de croire que l'impôt foncier était réellement payé par le propriétaire. » (*Richesse et pauvreté*, p. 127.) Après une réflexion aussi pénétrante, il est surprenant que ce judicieux économiste retombe ensuite dans la même erreur qu'il critique, et apprécie mal les bons effets d'une telle réforme. Il n'est guère plus logique et plus heureux lorsque, cherchant toujours à dégrever les travailleurs de l'impôt, lorsque, poursuivant à toute force le but des physiocrates, il va jusqu'à proposer l'abolition de l'appropriation privée du sol, le transfert de la propriété particulière à l'État qui affermerait le territoire aux possesseurs du capital monétaire et subviendrait, avec la rente foncière, à toutes les dépenses d'administration. Il commet encore à son tour l'erreur de croire que cette rente foncière sera réellement payée par le possesseur du capital financier. Cependant ce dernier comprendra dans les frais d'exploitation la rente que son bail le contraindra de verser au trésor, et comprise à ce titre dans le prix des objets consommables, elle sera payée par le consommateur, qui ne jouira ainsi d'aucun dégrèvement. Outre qu'on n'aperçoit pas dans la pratique d'un pareil projet quelle solidité conserverait le capital monétaire, puisque son unique base, l'hypothèque, disparaîtrait avec l'appropriation foncière, ce n'est vraiment pas la peine d'exproprier le possesseur du capital territorial, si, par une préférence injustifiable, on laisse la propriété du capital monétaire à son fortuné détenteur; seul maître désormais, celui-ci, au moyen de la force que lui donnerait son privilége exclusif, ne tarderait même pas à ressaisir pour son propre compte la propriété du territoire.

Qui peut dire les épargnes qu'amènerait la suppression de tant de places, de tant de dignités, de tant de charges, qui ne sont *charges* que pour le peuple, sinécures créées pour payer des dévoûmens dont celui-ci se passerait volontiers? Combien, parmi les divers services, de hautes fonctions dont les gros traitemens subiraient, sans inconvéniens, une forte réduction! Ces postes offriraient un moindre appât à la tourbe des compétiteurs, l'ardeur à la curée serait tant soit peu ralentie, et cependant il resterait encore assez d'intrigans pour briguer l'avantage de *se sacrifier* à la chose publique; les gens fidèles, zélés, capables, y compris les titulaires actuels, ne manqueraient pas pour occuper tous les emplois.

Quand on le voudra, ving-cinq millions seront économisés par la conversion des rentes sur l'État, par la réduction de leur intérêt. Je dis « quand on le voudra, » car tout le monde convient que ce serait justice, sauf toutefois les créanciers de la rente qui naturellement ne peuvent se prononcer contre leur propre cause. Le gouvernement, qui trouve à emprunter le même capital, avec une diminution de vingt-cinq millions d'intérêt, fait donc chaque année présent de cette somme aux rentiers. Son excessive faiblesse explique seule pourquoi, cédant à leur influence, il leur distribue gratuitement l'argent du peuple et repousse une mesure fort économique dont peut-être, plus que personne, il apprécie toute l'équité.

Notre budget de la guerre, d'après le tableau précédemment exposé, s'élève, en temps de paix, au chiffre incroyable de trois cent vingt-cinq millions environ, autant que la France en dépensait naguère pour entretenir quatorze armées à la frontière, pour soutenir l'assaut de toute l'Europe coalisée. Ce chiffre révèle une dilapidation sans bornes qui prouve que la parcimonie n'est pas, à coup sûr, le défaut de nos gouvernans. Des publicistes estiment que le budget de la guerre pourrait subir une réduction de cent millions; peut-être une diminution de moitié serait encore très modérée. Si cette dépense n'était plus susceptible d'être amoindrie, dès lors il faudrait abandonner le système si coûteux des armées permanentes; et, après tout, nous le demandons, pourquoi tous les citoyens, sans exception, ne seraient-ils pas astreints au service militaire durant la vigueur de l'âge? pourquoi ne rempliraient-ils pas tous à tour de rôle les fonctions du service intérieur, les jeunes se tenant toujours prêts à se porter en corps disciplinés où le besoin l'exigerait, en cas de guerre extérieure? L'obligation d'un tel service, que le grand nombre rendrait rare et fort temporaire, ne paraîtrait à l'oisif qu'un agréable passe-temps; elle serait, pour le travailleur, moins onéreuse que le paiement annuel d'un lourd impôt, auquel se joint la triste chance, si souvent réalisée, de dépenser à un service continu les meilleures années de son existence. Notre institution de la garde nationale présente une pâle ébauche de ce régime militaire si facilement praticable. Tout en allégeant beaucoup notre budget, il corrigerait quelque peu l'iniquité de notre législation sur le recrutement et aurait encore l'immense avantage de rendre à la production des milliers d'hommes vigoureux qui consomment en pure perte ce que d'autres produisent. — Les États d'une grande étendue, dira-t-on, ne sauraient se passer d'armées permanentes. — Je comprends, lorsque la république romaine se fut agrandie au point de devenir empire, il fallut aux Césars des armées permanentes pour fortifier leur despotisme. Le pouvoir absolu préfère toujours un système qui seconde infiniment mieux ses vues de conservation et même d'accroissement. Mais du moins, sous ce régime militaire, généralement admis en Europe, les armées, au lieu de rester inactives, devraient être utilisées durant la paix. En couvrant le pays de canaux et de routes, en se livrant aux travaux propres à multiplier la production, le soldat ferait un emploi de son temps qui pourrait lui être rendu profitable et qui augmenterait la vraie richesse nationale. Il n'en veillerait pas moins bien au maintien de l'ordre et ne perdrait assurément rien de sa force et de sa valeur à l'instant du combat. On a déjà dit et redit tout cela plusieurs fois ; peut-être il en aurait été tenu compte, si un faux point d'honneur, que l'on a surtout soin d'inspirer au soldat et qui constitue en grande partie l'esprit militaire, ne faisait regarder les travaux d'industrie et d'agriculture comme indignes d'hommes chargés de défendre la patrie. D'après ce grossier préjugé, construire, créer des produits, faire naître l'abondance et le bien-être qui en résulte, sont des actes peu glorieux, sinon avilissans, tandis que tout détruire, faire des riches campagnes un désert, des villes un monceau de cendres et de ruines, entasser les cadavres sanglans, voilà l'apogée de la gloire ! voilà ce qui excite notre admiration ! Convenons-en, sous le manteau bariolé de la civilisation, nous avons encore beaucoup du barbare.

C'est un principe introduit dans notre droit constitutionnel, que la justice en France est gratuitement rendue par les tribunaux. Ce principe veut dire que tous y contribuent à payer la justice journellement rendue, puisque, pour l'obtenir, on prend la somme suffisante sur l'impôt national. Or, que la justice criminelle, qui veille au maintien de l'ordre et protége tous les citoyens, presque sans distinction de leurs conditions sociales, qu'elle soit rendue aux frais de l'État, que tous paient la sécurité procurée à tous, à peu près également, surtout quant aux personnes, sinon quant aux biens que la minorité seule possède : rien de plus juste, rien de plus rationnel. Mais nous n'avons jamais compris pourquoi la justice civile, qui n'est que la justice privée, se trouve à la charge de toute la nation, pourquoi l'impôt sert à payer une magistrature dont la fonction est uniquement de juger les différends de quelques possesseurs se querellant entre eux sur la possession des biens qu'ils détiennent. En admettant même, malgré le démenti donné par la réalité, que le possesseur concourt avec le producteur au paiement de l'impôt, on ne s'explique pas davantage pourquoi les plaideurs ne paient pas seuls la justice qu'ils invoquent et obtiennent simplement dans leur intérêt privé. Ils en paient déjà une bonne part dans les frais de procédure, composés des honoraires des officiers ministériels, des droits de greffe, d'enregistrement, etc. ; serait-il donc si difficile d'élever un peu ces droits et d'y retrouver les appointemens et dépenses de la magistrature civile, afin qu'on cesse de les faire figurer au budget? Lorsque deux parties, comme il arrive souvent, au lieu de recourir à une instance judiciaire devant les tribunaux, portent leur contestation devant des arbitres, jurisconsultes ou autres gens compétens, ne paient-elles pas elles-mêmes leurs juges et en obtiennent-elles un jugement moins éclairé, moins consciencieux?

Les ministres de la religion reçoivent ordinairement pour eux des émolumens qu'ils désignent sous le nom de *casuel*, et pour les dépenses du culte, des donations volontaires, le tout selon l'ardeur de la foi des fidèles. C'est de toute justice. Ceux-ci paient les prières ou l'accomplissement de certaines pratiques dont ils attendent certains heureux effets, ou bien encore, en donnant de quoi travailler à la propagation de la foi, ils satisfont ce penchant naturel qui nous porte à répandre nos croyances. Ce qui n'est plus aussi conforme à la justice, c'est que le clergé touche encore des appointemens fixes et des subventions pour frais de culte sur un impôt fourni par des contribuables, dont tous, il s'en faut grandement, ne font pas de la religion un usage égal et même dont beaucoup n'usent aucunement. Ces derniers se trouvent lésés, puisqu'ils paient ce dont ils ne profitent point, et enrichissent à leurs dépens les gens religieux qui ont d'autant moins à payer ce dont eux seuls profitent. Si, comme autrefois, tous les membres de l'État étaient de fermes croyans, un semblable ordre de choses serait des plus rationnels; mais comme, à ne pas s'abuser, il y a maintenant autant et même plus de mécréans ou gens vivans comme tels, les allocations de notre budget pour l'exercice des cultes deviennent injustifiables. Puisque les croyances sont libres et ne peuvent être imposées, aucun sacrifice ne devrait être imposé non plus pour entretenir tel ou tel culte. Il faudrait laisser aux croyans le soin de pourvoir à l'entretien de leur culte, tant pour le personnel que pour le matériel. Tel est le corollaire directement issu du principe de la liberté de conscience déposé dans notre charte constitutionnelle. La suppression du budget des cultes en est la conséquence forcée, à moins que l'on ne voie d'autre part, dans la religion, une institution d'intérêt public, un bon moyen de gouvernement, à moins que dès lors on ne trouve imprudent de s'en fier au zèle des croyans pour la maintenir dans des proportions convenables, et qu'on ne pense devoir imposer aux populations les sacrifices nécessaires à son maintien.

Des observations analogues s'appliquent aux subventions de théâtres, aux dépenses pour travaux et édifices de luxe. La masse des producteurs habitant les villes et surtout les campagnes ne jouissent guère de ces dépenses auxquelles on suffit pourtant avec le produit de leur travail. Que leur importent vos musées, vos sculptures, à eux que la fatigue et l'indigence courbent vers la terre? Ont-ils entrée dans vos concerts, dans vos théâtres? Vont-ils applaudir vos ténors et vos danseuses auxquels vous prodiguez indignement les fruits de leur labeur? Quoi! ce n'est point assez que le riche puisse, avec son capital, détourner le travail de l'utile production et l'appliquer au contentement de ses luxueuses fantaisies, il faut encore que, sous prétexte d'*encourager* les beaux-arts, les dispensateurs de l'impôt le consomment en de vaines dissipations; il faut qu'ils achètent des tableaux, des statues, des ciselures, érigent des monumens, paient aux oisifs une partie de leurs spectacles... etc.? le tout, il est vrai, pour la plus grande gloire d'une nation où le crime et le suicide sont les seuls moyens d'échapper à la mort lente qu'entraîne la misère; pour la plus grande gloire d'une nation qui, surtout dans ses grandes villes, tolère de hideuses demeures d'une telle insalubrité, que la vie s'abrége en leur séjour; pour la plus grande gloire d'une nation qui compte en son sein environ huit millions de population réduite à l'aumône!... Apprennent-ils, ces dispensateurs de l'impôt, qu'un chef d'une nombreuse famille la laisse s'élever et vivre à l'aventure, tandis que pour lui et quelques membres privilégiés il prodigue en de folles dépenses un avoir précieux qui, sensément administré, procurerait à tous un satisfaisant bien-être? Vous ne les verrez pas, et avec raison, trouver d'expressions trop sévères pour imprimer à sa conduite le sceau d'une énergique réprobation, et cependant ils ne gèrent pas autrement les revenus publics, cet avoir de la grande famille qui s'appelle l'État. Ne leur demandez pas compte de cette flagrante contradiction : ils vous répondront qu'ils ont grand souci de la gloire *nationale.* Aussi, considérez ce que devient le pays sous leur *haute* et *sage direction :* la France (si on veut me passer cette personnification) ne semble-t-elle pas offrir parure et éclat de reine par le haut du corps, tandis qu'à la partie inférieure ce ne sont qu'amaigrissement et haillons de la pauvreté? Oh ! je connais la périphrase accoutumée : *ces dépenses, comme toutes les dépenses de luxe, font vivre l'ouvrier, auquel elles font gagner de l'argent.* Sans doute, en présence d'un besoin pressant, trouver à gagner par tout travail quelconque un peu de monnaie pour subsister, doit sembler très heureux aux travailleurs considérés individuellement. C'est pourquoi ne faut-il pas s'étonner s'ils applaudissent aux dépenses de tout genre, s'ils se félicitent de toutes les commandes de travaux, qu'ils soient utiles ou purement de luxe. Ces derniers leur paraissent à juste titre préférable à un manquement complet, qui les condamne à une cruelle inaction. Mais, en écartant cette raison d'un intérêt immédiat, pour envisager, au point de vue d'un intérêt plus largement entendu, le résultat économique des dépenses luxueuses, cette assertion n'apparaît plus qu'un préjugé vulgaire, semé par la ruse et accueilli par l'ignorance; il est manifeste que ces dépenses plongent de plus en plus dans la misère la masse des travailleurs. En effet, ne l'oublions pas, la monnaie, valeur représentative de toute richesse, capital et produit, rend celui qui en possède (État ou particulier) maître de la direction du travail. Or, quand, pour satisfaire ses idées capricieuses, il détourne de la production généralement nécessaire et utile, de cette production qui fait affluer à bas prix sur le marché les étoffes, les denrées et tout ce qui est indispensable au soutien de l'existence, il expose beaucoup le travailleur à manquer de toutes ces choses ; inutilement celui-ci reçoit à titre de salaire quelque monnaie : si ces produits renchérissent faute de bras qui les multiplient, si l'argent avec lequel son travail est payé ne peut les lui procurer comme auparavant, loin de s'améliorer, son sort ne fait qu'empirer. Supposons, pour rendre ceci plus saisissant, qu'il vienne à l'esprit de quelques uns de nos plus opulens capitalistes la pensée de consacrer d'immenses capitaux à faire ériger une pyramide gigantesque, fastueux monument qui étale aux yeux de la postérité la grandeur de leur puissance. Cette hypothèse n'a, comme on sait, rien d'invraisemblable, elle n'est point conçue en dehors de toute réalité. A leur appel et surtout sur la promesse d'un bon salaire, de nombreuses légions de travailleurs accourraient de toutes parts, désertant l'agriculture et les diverses industries. Ils travailleraient à l'envi, bénissant du fond de leur cœur la bienheureuse fantaisie de ces riches, qui leur donne occasion de gagner de l'argent pendant un long temps. Mais bientôt après ils verraient les produits agricoles et industriels renchérir à la suite de l'élévation du prix de la main-d'œuvre causée par leur émigration. Ce renchérissement toujours croissant, et rendant ainsi leur salaire plus exigu, bien qu'il conservât la même valeur nominale, leur montrerait que ce n'est point *l'argent*, le métal monnayé qui, par lui-même, nourrit, loge et habille, qu'en dépit des bonnes occasions qui en font gagner, ils restent maintenus et plongés en misère, si les produits raréfiés, au lieu d'abonder, deviennent plus chers et pour eux inaccessibles. Eh bien ! l'ensemble de tous les travaux de luxe est comme cette immense pyramide ; leur grande quantité réjouit les travailleurs qui n'en aperçoivent pas les résultats éloignés. Ils les regardent comme moyens de vivre, tandis qu'ils n'aboutissent, en réalité, qu'à les affamer toujours davantage. Si leur condition se trouve, à tout bien prendre, plus misérable aujourd'hui qu'autrefois, malgré tant de nouveaux élémens de bien-être, n'est-ce pas à l'extension des travaux de luxe qu'il faut l'attribuer en grande partie ? Le possesseur, vivant jadis au milieu de ses terres, abandonnait à ses vassaux les produits dont il ne savait que faire, après s'être suffisamment approvisionné. Maintenant, au contraire, attiré dans les villes par toutes les séductions d'une industrie grandissante, le riche s'y est fixé, et c'est là qu'il consomme avec profusion en dépenses luxueuses des produits amassés, thésaurisés d'une main plus avare ; c'est là qu'il cherche en son esprit comment, à force de luxe, de déperdition de produits et de travail, il pourra, lui seul, dévorer tous ses revenus. Les travailleurs le suivent et affluent sans cesse des campagnes dans les villes, afin d'y gagner de l'argent, en échange de leur travail improductif. Mais l'agriculture et toute production utile languit, et, par suite de cette langueur, les objets de véritable nécessité renchérissent, surtout pour l'ouvrier citadin qui, s'il gagne un peu plus, est forcé de payer, outre la valeur des produits, leurs frais de transport et les impôts d'octroi. Aussi, tous, tant dans les campagnes que dans les villes, finissent par souffrir d'un pareil système, tous, hormis le riche au cœur endurci et desséché par l'amour effréné des jouissances.

Qu'il nous suffise d'avoir fait entrevoir et les dilapidations à éviter, et les économies à réaliser ; terminons par quelques aperçus rapides sur l'usage plus utile auquel on pourrait, avec quelque bon vouloir, destiner une énorme portion de l'impôt.

CHAPITRE III.

Quel emploi préférable on pourrait faire de l'impôt?

L'impôt a toujours été, de tout temps et en tout lieu, une charge plus ou moins onéreuse pour les peuples, et, chose triste à dire, il semble même avoir continué d'être pour eux ce qu'il était primitivement : une sorte de tribut levé par le fort sur le faible, par le vainqueur sur le vaincu. Quand l'histoire ne serait pas là pour nous l'apprendre, on le devinerait, à ne consulter que le langage dont les expressions impliquent tout à fait cette idée. Ainsi les mots : *tribut* (tributum), *contribution*, *impôt* (imponere), *taxe*, *droits*, etc., n'ont, au fond, pas d'autre signification. Si pourtant les gouvernemens rendaient aux populations productrices des avantages équivalant à l'impôt qu'ils prélèvent sur le produit de leur travail, à coup sûr, il ne mériterait plus ce nom; si, au lieu d'en mésuser sans profit en salariant des improducteurs, ils le destinaient à étendre la production, cette qualification de *charge* que lui attribuent naïvement nos publicistes ne devrait plus lui être décernée. Que dis-je? l'impôt pourrait doubler, tripler même, sans exciter aucune plainte légitime; la production, favorisée par son utile emploi, prendrait un rapide essor, et nous avancerions à grands pas vers une forme gouvernementale qui puisse satisfaire tous les intérêts et réaliser ce bien-être universel auquel tout le monde aspire ardemment. Car, sachons-le, *augmenter le plus possible la production nécessaire et utile à tous, soit en économisant, soit en multipliant les produits et le travail qui les crée,* telle est la haute formule qu'il nous faut accomplir pour arriver à ce but aujourd'hui rêvé plus que jamais; formule générale si claire, si simple, qu'en quelques mots on a presque tout énoncé, tout calculé, tout prévu. Aussi, de tous les systèmes sociaux, celui-là se montre le plus vrai, qui en est la moins imparfaite application, qui tend à multiplier les produits, qui fait de cette multiplication à peu près une réponse à toutes les objections, une panacée propre à guérir toutes les plaies de l'organisme social. Production! production! voilà le point vers lequel les gouvernemens administrateurs, et non dissipateurs de la fortune publique, devraient faire converger tous leurs efforts, ainsi que les revenus dont ils disposent. Tout en précipitant la solution du problème de l'avenir, ils corrigeraient par là la criante injustice commise envers les producteurs, dépouillés sans la moindre compensation.

D'après les observations qui ont terminé le chapitre précédent, il a été démontré comment l'État pourrait au moins soustraire plusieurs centaines de millions à la distribution improductive du montant de l'impôt. Voyons donc, à présent, quel emploi préférable il devrait donner à cette épargne, par quels moyens il lui serait facile de tourner cette part de l'impôt à l'accroissement de la production, c'est-à-dire vers le bien-être général. Sa vigilance, éveillée et dirigée vers ce but, n'aurait que l'embarras du choix des procédés.

Depuis quelque temps enfin, on est parvenu à comprendre qu'un système parfait de voies de transport jusque dans les moindres parties du territoire procurerait des avantages à perte de vue, tant sous le rapport du progrès des idées que sous le rapport de l'impulsion imprimée à la production. Sillonner le pays de voies de communication de tout genre, de canaux, de chemins de fer, serait donc le premier usage rationnel auquel on absorberait utilement une grande part des deniers nationaux. Nul besoin de recourir aux compagnies particulières, auxquelles on aliéne la voie publique en leur livrant l'exploitation des canaux et chemins de fer ; la nation ne serait pas exposée à souffrir de la lente et vicieuse exécution provenant de leurs travaux désordonnés, de la cherté des transports, conséquence infaillible de leur avidité pour les gros profits et des frais multipliés de leurs différentes administrations. L'État, au contraire, fort à même de payer l'intérêt d'un emprunt suffisant, se chargerait tout seul de cette vaste entreprise, qui, dirigée avec plus d'ensemble et moins de frais d'administration, serait conduite à une exécution meilleure et plus prompte, qui permettrait enfin de verser, à l'avantage de tous, les bénéfices dans le trésor national. L'esprit ne s'effraie-t-il pas à juste titre, en contemplant avec quelle célérité l'industrie particulière étend ses dangereuses spéculations, usurpe les services publics, et menace de faire trôner bientôt l'intérêt privé à la place de l'intérêt général méconnu? Soit malice, soit absence de pénétration, les économistes du siècle passé avaient cru pouvoir proclamer ce fameux principe du *laissez-faire*, du libre développement de l'industrie privée sous l'égide tutélaire du gouvernement. En 89, leur perfide axiome, dont l'application n'avait pas encore décelé les funestes effets, s'introduisit dans notre droit public, et nous commençons à subir la peine de cette imprudence. Bien plus, une idée rajeunie plutôt que nouvelle a été, il y a quelque temps, jetée dans le monde : c'est l'idée d'*association*. Des hommes à la pensée grande et généreuse entreprirent de prêcher au siècle la description des bienheureux effets de cette conception intellectuelle. L'association de tous les intérêts multipliera les forces et les produits à l'infini, constituera réellement les hommes en société, et réalisera le bonheur général : voilà quel était au fond toute leur doctrine. Mais l'intérêt privé, qui a déjà si bien su dénaturer les principes de charité et d'égalité prêchés naguère par le Christ, s'est encore avisé de corrompre cette idée, d'en altérer le sens à son profit, en feignant de ne point l'entendre. Faisons de l'association, se sont dit les riches possesseurs, groupons nos fortunes, réunissons nos capitaux, nous écraserons les petits, trop nombreux pour s'unir et résister à notre concurrence; sortis victorieux de l'arène, nous aurons le monopole des marchés, nous en serons les maîtres, nous fixerons à notre gré les salaires, nous ferons la loi au consommateur, et nous multiplierons nos richesses (1). Associons-nous; l'as-

(1) Fixer les salaires en maîtres absolus, faire la loi au consommateur, tel est le double but des capitalistes associés.

l'association nous ouvre le champ des bénéfices infinis. De là se sont formées et continuent à se former des sociétés anonymes, en commandite, qui accaparent les branches de l'industrie, font entre elles assaut de spéculation. Ici, ce sont les assurances qui en font l'objet; là, ce sont les ponts, les canaux; plus loin, ce

---

C'est par cette double voie que doivent affluer les bénéfices convoités dans leurs cupides spéculations. Et pourtant l'article 414 du Code pénal punit *toute coalition entre ceux qui font travailler des ouvriers, tendant à forcer injustement et* ABUSIVEMENT *l'abaissement des salaires...* Et pourtant l'art. 419 du Code pénal punit *tous ceux qui... par réunion ou coalition entre les principaux détenteurs d'une même marchandise ou denrée, tendant à ne pas la vendre ou à ne la vendre qu'à un certain prix... auront opéré la hausse ou la baisse du prix des denrées ou marchandises... au dessus ou au dessous des prix qu'aurait déterminés la concurrence naturelle et libre du commerce...* D'où vient donc que la loi, si précise en son texte comme en son esprit, ne reçoit pas d'application? C'est d'abord parce qu'il n'y a pas de loi vivante contre des intérêts puissans; c'est ensuite parce que leurs serviteurs très humbles, les légistes, sont venus avec leur subtil *distingo*; et, passant sous silence le mot *réunion*, dont le sens est générique, ils ont décidé que la loi punissait les *coalitions*, mais non les *associations* contre ouvriers et consommateurs. O prodige de l'expression! il a suffi d'un changement de nom pour convertir un acte illicite et condamnable en un acte licite et encouragé. Que de méchantes actions, que de rapines ont ainsi leurs noms honnêtes, leur costume décent pour se couvrir et parer leur criminelle nudité! Avec des mots, on change la nature des choses! avec des mots, on élude les lois! avec des mots, on en abuse! avec des mots, les peuples se laissent promener de mystifications en mystifications!

sont les chemins de fer. Coalisés contre la nation, ces puissans intérêts financiers assiégent le gouvernement, l'envahissent, répètent à l'envi, par la tribune et par la presse : « Le gouvernement a mission de protéger l'industrie privée et non de l'entraver ; il doit laisser aux compagnies les adjudications de tous les travaux ; il faut encourager l'esprit d'association ; c'est par elle seule que se font les grandes entreprises (ce qui veut dire les grandes spéculations, car l'État ferait mieux et ne spéculerait pas) ; c'est par elle seule que peut s'accroître la richesse nationale (ce qui veut dire la fortune de messieurs tels et tels, qui attirent ainsi dans leurs mains la richesse de toute la nation). » Le gouvernement, fidèle au principe du laissez-faire, concède tout et s'en tient à la simple fonction de protecteur débonnaire, qu'on veut bien lui laisser pour le moment. Le gouvernement, qui ne se rapproche de son véritable rôle que quand il dirige rationnellement le plus de choses possible, le gouvernement, à vrai dire, ne gouverne pas. Il n'est par le fait que le gardien salarié d'intérêts anarchistes qui travaillent à entasser des richesses, en se faisant la guerre à coups de capitaux. Mais voyez où va conduire le principe de la liberté illimitée de l'industrie privée combinée avec l'esprit d'association ainsi conçu, et admirez en même temps la puissance de cette dernière idée, instrument du mal comme du bien, selon l'intention perverse de ceux qui l'emploient. Déjà de grandes associations se sont rendues maîtresses de plusieurs vastes entreprises ; demain elles passeront à d'autres, accapareront les houilles, les fers, etc ; et leurs capitaux grossissant par les bénéfices, elles pourront étendre indéfiniment leurs exploitations. Patience encore ! Que l'esprit d'association, allié au principe de libre industrie, continue à se propager et à dessiller les yeux des riches possesseurs; que, par l'analogie, ceux-ci soient conduits à réfléchir qu'aucune branche d'industrie n'est sans offrir un beau champ de spéculations à leurs fortunes réunies; que bientôt il n'y ait plus pour exploiter chaque branche que la plus forte société qui aura ruiné ou absorbé ses concurrentes; que toutes les sociétés à la tête d'exploitations diverses viennent ensuite à s'entendre entre elles, à s'associer encore, le gouvernement aura en face de lui une ligue fédérative plus formidable que ne l'étaient autrefois le clergé et le corps des nobles avec leurs immenses richesses, une puissance supérieure à la sienne qui, à bout de *grandes entreprises*, pourrait bien entreprendre de saisir à son unique profit l'entreprise de tous les services publics, autrement dire, du gouvernement de l'État. Alors nous aurons, pour fin dernière de toutes ces évolutions industrielles, le règne de l'argent franchement établi, l'aristocratie de la fortune, la plus odieuse de toutes les aristocraties.

Selon nous, dans l'état présent des choses, un gouvernement digne de ce nom pourrait encore à temps comprimer ce dangereux envahissement de l'intérêt privé; il parviendrait, sans grande peine, à le museler en s'érigeant lui-même en grande association. Partant de ce principe vrai, qu'il est ou doit être la personnification vivante et agissante de tous les intérêts qui composent l'État, il lui suffirait d'étendre peu à peu les services publics, soit par force de loi, soit en opposant à l'intérêt privé sa redoutable concurrence. Déjà il se trouve nanti du monopole de la levée des impôts, de la défense du territoire, des postes, des poudres, des tabacs et de certains travaux publics, notamment de la portion de voirie non encore usurpée par la libre industrie. Chacun sait que nulle administration privée ne saurait, sous aucun rapport, supporter la comparaison avec celles de l'État. Qui l'empêcherait dès lors de se substituer aux associations des financiers et d'entreprendre, au profit de la nation, ce que ceux-ci entreprennent pour eux seuls? Il aurait pour ressources l'impôt; l'impôt, dont une énorme partie devrait être économisée dans ce but, ainsi que nous l'avons dit; l'impôt qu'il élèverait à mesure de ses bienfaisantes entreprises. La nation en recueillerait plusieurs avantages : l'exécution, faite avec plus d'unité et dans un meilleur esprit (celui d'utilité publique), serait infiniment supérieure à celle des associations particulières. Ajoutez l'économie de tous ces frais multipliés que présentent les petites administrations de tant de compagnies diverses, lourd impôt que les spéculateurs associés ont soin de faire subir à la masse des consommateurs. Enfin, au lieu des gros profits, autre impôt plus lourd que paient ces derniers, l'État, qui ne spécule point sur les citoyens pour s'enrichir isolément, ou offrirait de meilleures conditions, ou verserait les bénéfices au trésor national, pour amortir des emprunts et passer à d'autres entreprises.

En suivant une semblable ligne de conduite, le gouvernement, conservant d'abord la voirie entière, dont, sous aucun prétexte, il n'aurait pas dû se dessaisir, pourrait ensuite adjoindre les assurances aux services publics. L'impôt sert du moins en partie à nous procurer la sûreté de l'existence, le maintien des droits établis, à garantir la vie de tous et les propriétés de ceux qui en ont, contre toutes les attaques provenant du fait de l'homme. C'est en quelque sorte une prime au moyen de laquelle chaque citoyen achète sa tranquillité, sinon la réparation du préjudice une fois causé. Pourquoi l'État, au moyen d'une prime adjointe au chiffre de l'impôt, n'assurerait-il pas aussi la réparation du préjudice causé aux biens, aux constructions, aux récoltes, par l'incendie, la grêle, l'inondation, et tout autre cas fortuit provenant du fait de l'homme ou des élémens? Il y aurait un ministère des assurances, une administration unique (dans laquelle on fondrait le personnel des administrations particulières); d'où l'on obtiendrait une grande simplification des travaux, et sur le montant de la prime une économie notable de tous les frais respectivement nécessaires aux administrations de chaque société d'assurances qui exploitent le pays. Ce n'est pas tout : quand il s'agit de fixer le montant de la prime d'assurances, d'après la loi des grands nombres, il est reconnu que plus les calculs sont faits sur une grande échelle, plus le nombre des sinistres demeure constant, invariable, plus il est facile de fixer avec précision la prime la plus faible, de manière à éviter toute chance de perte; il est même reconnu, en vertu de la même loi, que plus on donne d'étendue aux calculs, plus le nombre des sinistres va se resserrant et permet d'établir une moindre prime. Que l'on se figure dès lors combien serait minime celle que le gouvernement exigerait, en comparaison de celle que sont obligées de fixer dans leurs polices les compagnies d'assurances, dont les calculs reposent sur des relations rétrécies par la concurrence acharnée qu'elles se font mutuellement. L'État pourrait embrasser ainsi toute espèce d'assurances d'une valeur importante, assurances maritimes, assurances sur la vie, etc., lui seul serait à même d'approfondir cette matière et de lui donner une extension inouie, dont on imagine aisément la possibilité; car ce n'est pas une vaine pensée, une chimère, que l'idée de transformer l'État en une grande compagnie d'assurances, faisant l'application la plus large de la solidarité qui enchaîne tous les intérêts. Les avantages de cette théorie sont manifestes, et la nation en ressentirait peut-être les effets bienfaisans, si le principe de la liberté illimitée de l'industrie particulière, fortifiée par l'association des possesseurs, ne tendait à rendre l'intérêt privé plus puissant que le gouvernement, ne tendait à faire prédominer les associations de quelques uns sur la grande association de tous, qui est l'État.

Conformément au même principe, que le gouvernement est la fidèle représentation de l'universalité des citoyens, il attirerait à lui toutes les autres grandes entreprises où il apercevrait que l'État peut faire fortune à la place des riches possesseurs. De même qu'il exploite les tabacs, il exploiterait les houilles, les bois, les fers, etc.; de même qu'il s'est chargé du transport des lettres, des papiers, de l'argent, d'après un vaste système, il se chargerait des transpots des voyageurs et objets quelconques sur tous les points du territoire, aussi bien par eau que par terre. Si notre régime postal ne rapporte pas moins de 50 millions, combien produirait cette vaste entreprise? cela est incalculable. Probablement les bénéfices se trouveraient assez considérables pour que l'on pût facilement ne plus recourir à d'autres impôts. Que d'autres avantages encore! Au lieu de toutes ces petites exploitations particulières éparpillées en tout lieu, exploitations que les frais d'autant d'administrations spéciales rendent si coûteuses, une administration unique (où les employés aux transports entreraient comme employés au service de l'État), étendant partout ses nombreuses ramifications, veillant avec une sollicitude continue, tant sur le personnel que sur le matériel, entretiendrait la vitesse et la régularité des transports rendus plus économiques. Qu'à cette entreprise le gouvernement joigne l'entreprise des transports maritimes, et dès lors il trouvera dans les bénéfices les moyens d'avoir une marine forte, puissante, qui règne sur toutes les mers.

Ces idées ne sauraient être taxées de vains rêves, d'utopies impraticables. Les découvertes des chemins de fer et de l'emploi de la vapeur mériteront sans doute à jamais l'admiration de tous, tant elles sont grandioses et fécondes en bienfaits; mais ces étonnantes inventions de l'industrie n'apparaissent que de loin en loin pour notre malheur, et n'est-il pas affligeant de songer que le gouvernement, s'il le voulait, pourrait produire des merveilles plus prodigieuses encore, simplement avec quelques idées organisatrices? Je n'ignore pas que l'on réclamera en faveur de la liberté de l'industrie; on trouvera que je fais bon marché de l'une de nos précieuses libertés que nos pères ont achetées au prix de leur sang. Les premiers à la revendiquer seront surtout ces riches financiers et leurs séides, qui grimacent le nom de liberté pour mieux attirer le peuple sous leur joug despotique, autrement, dans la pire des servitudes. Est-ce notre faute à nous, si nos pères se sont trompés et ont conquis une liberté de trop, si, par mégarde, ils ont inscrit dans nos lois une liberté qui ne devrait figurer que dans un code de sauvages? est-ce notre faute et nous faut-il patiemment subir les désastreux effets de leur ignorance? Oui, je voudrais qu'elle vous fût ravie, cette liberté qui vous permet de multiplier indéfiniment vos capitaux par la ruine de toutes les fortunes et de toutes les espérances, je voudrais qu'elle vous fût ravie, cette homicide liberté, qui vous autorise à butiner en spoliant et affamant d'un trait de plume des millions de vos concitoyens! Je voudrais qu'elle vous fût ravie comme est ravie à chacun *la liberté* de voler et d'assassiner son semblable? Au surplus, toute la question est là : l'intérêt général est-il préférable à l'intérêt privé? Au lieu de verser dans la caisse de l'État les bénéfices des entreprises possibles, vaut-il mieux les verser dans la caisse des riches capitalistes? doit-on faire profiter tout le monde des avantages de la richesse nationale, ou doit-on plutôt laisser quelques financiers amonceler sous leurs mains cette même richesse? faut-il accorder à tous *la liberté* de vivre ou à quelques uns *la liberté* de se gorger de la subsistance du grand nombre? Que le lecteur sans prévention se prononce et décide de quel côté se trouve la véritable liberté ou du moins celle qui devrait triompher.

Néanmoins, il est un genre d'association que le gouvernement serait obligé, non seulement de tolérer, mais auquel il ne saurait trop prodiguer d'encouragemens : c'est *l'association agricole*. Notre régime de propriété, en morcelant le sol, ne comporte que la petite culture dont les inconvéniens sont universellement reconnus. Or, l'association des propriétaires d'une certaine étendue de terrain, dans le but de l'exploiter ensemble et d'en recueillir les bénéfices en proportion de leurs apports : voilà l'unique moyen de parvenir au système de la grande culture dont il est superflu d'énumérer les avantages. La nature de l'objet jointe au régime de la propriété privée, empêche ici l'État d'exploiter la production agricole au profit général. En effet, ou il lui faudrait exproprier le territoire pour le cultiver par lui-même en organisant la production ou pour le diviser en grands fermages organisés, mais notre esprit est trop lent à concevoir l'importante utilité de cette mesure ; ou il lui faudrait affermer le terrain des propriétaires, auxquels il paierait une rente fixée par le contrat. Mais, de par les principes du droit de propriété, il serait obligé de rendre, à la fin du bail, le sol dans l'état où il se trouvait au moment de la convention des parties : d'où l'entière privation des avantages de la grande culture ; il n'aurait pas la faculté d'établir un large système de chemins, d'irrigations, de changer la destination des terrains, de transformer les vergers, les vignes en champs de blé, et réciproquement, le tout selon les données de la science. Aussi, dans la situation actuelle, l'exploitation agricole par l'association des propriétaires entre eux est le seul moyen qui se présente pour établir la grande culture. De pareilles associations, même assez considérables, n'offriraient pas l'inconvénient des associations industrielles, puisqu'elles ne constitueraient aucun dangereux monopole de produits. Voici comment l'État pourrait les encourager : par l'organe de fonctionnaires éclairés, il proposerait aux propriétaires d'une certaine étendue de terrain un projet d'association, dans lequel il entrerait pour une part des dépenses, de manière à leur offrir des avantages déterminans, sans renoncer à tout bénéfice pour le trésor, ainsi qu'il arrive maintenant avec les compagnies dans l'exploitation des chemins de fer. Nos associés auraient pleine latitude pour disposer des lieux dans le plus grand intérêt de l'agriculture, et les fonctionnaires publics présens au conseil d'association ne manqueraient pas d'insinuer les résultats de la science auxquels l'intelligence des propriétaires, une fois éveillée, se montrerait beaucoup moins rebelle. Bien plus, et ce n'est pas le moindre bienfait résultant du système de la grande culture, toute facilité s'offrirait pour organiser le travail des champs, organisation si fructueuse pour la production, parce qu'en économisant le temps et les forces, elle multiplierait les produits, organisation si profitable aux travailleurs campagnards, parce que, leur assurant une occupation et créant l'abondance des produits, elle tendrait à substituer le bien-être à leur misère. Profits pour le trésor national, essor imprimé à l'agriculture, organisation du travail dans les campagnes, tel est le triple bénéfice que la nation retirerait des associations agricoles sous le patronage actif du gouvernement.

Resterait l'organisation du travail industriel dans les villes, question à l'ordre du jour, question brûlante, dont le législateur détourne les yeux avec un secret effroi, que déguise mal son dédain apparent. Les difficultés ne font pourtant pas obstacle à sa prompte solution, puisque dans notre état social l'industrie est plus facilement maniable que l'agriculture. Notre principe de la liberté illimitée de l'industrie profite exclusivement au riche possesseur, que sa fortune rend maître du champ de la concurrence ; et puis, comme on l'a vu plus haut, permis encore à lui d'étendre sa puissance par des associations qu'on ne s'avise pas de prendre pour des coalitions (1). Rien ne s'op-

(1) Au mépris de la législation sur les mines, qui n'autorise

pose à sa marche envahissante et nul ne saurait fixer les bornes où elle s'arrêtera. Mais l'application absolue du principe de la libre concurrence produit d'autres effets à l'égard des travailleurs, dont la condition est bien différente. Elle entretient les rapports individuels d'ouvriers à maîtres et livre les premiers à la discrétion des seconds, d'autant plus que la concentration du capital plutôt que l'extension de la population va toujours restreignant la demande du travail. Les ouvriers sont trop peu éclairés ou trop nombreux pour s'associer à leur tour et résister à l'exploitation par un vouloir unanime : encore y parviennent-ils? on traite comme une coalition leur association volontaire (1). Essaient-ils de temps en temps l'intimidation sur les dissidens d'entre eux, afin de former un ensemble compact et d'opposer puissance à puissance? Aussitôt les maîtres crient à la coalition, et pour maintenir la liberté des relations individuelles, soldats et juges interviennent en vertu de la loi pénale, les divisent et les replacent violemment dans leur état d'isolement, où ils demeurent exposés aux meurtriers résultats du principe de la libre concurrence. En fait comme en droit, toute association est donc interdite aux travailleurs; ils sont contraints de rôder épars et mendiant partout l'ouvrage au rabais, immense troupeau dans

---

que les concessions de priviléges individuels, les concessionnaires de houillères sont dits s'associer et non se coaliser; ils échappent au coup de la loi pénale, aux art. 414 et 419 du Code pénal.

(1) N'a-t-on pas, il y a quelques années, arbitrairement brisé l'association volontaire des ouvriers rubaniers de Lyon et Saint-Étienne?

lequel le possesseur choisit à son gré, tant les têtes sont nombreuses. Heureux ceux dont on ne repousse pas les offres de services ! Heureux ceux qui obtiennent du travail ! Le reste, forcément, va peupler les bagnes et les prisons, ou vit de la maigre et humiliante aumône, ou succombe exténué par la misère ; car enfin, d'après le langage cynique, mais cruellement vrai, de Malthus : *si les riches n'ont pas besoin de leur travail, ils sont réellement de trop sur la terre; au grand banquet de la nature, il n'y a point de couvert mis pour eux !*... Infernal système ! que l'on s'efforce de consolider et que la prudence, à défaut d'humanité, commanderait, au contraire, de faire cesser, si on ne veut que, devenant de plus en plus irritant, il pousse bientôt les travailleurs désespérés à descendre dans la rue pour y former de terribles associations ! Disons-le, il appartiendrait à un gouvernement sourd aux barbares et dangereuses suggestions, à un gouvernement vraiment digne et fort, d'aborder franchement la question de l'organisation du travail ou au moins des travailleurs. Premièrement, il en placerait un grand nombre dans les différentes entreprises dont il pourrait se charger avec les économies faites sur l'impôt ou simplement avec les bénéfices procurés par ces mêmes entreprises. Ensuite, au moyen des mêmes ressources que ses diverses exploitations rendraient inépuisables, il provoquerait et encouragerait les associations libres, volontaires des travailleurs, non compris dans les services publics. Notez qu'il ne s'agit pas ici de rétablir les anciennes corporations des métiers, les maîtrises et les jurandes, avec leur esprit tyrannique, leurs priviléges spéciaux, leurs guerres intestines. Non ; le gouvernement se bornerait à classer les grands corps d'État qui ne peuvent se faire concurrence, puis il leur offrirait un plan d'association, les fonds suffisans pour avoir des instrumens de travail, un siége d'établissement avec succursales au besoin, et même il nommerait des fonctionnaires pour diriger l'association. Les directeurs de chaque association diviseraient et subdiviseraient les travailleurs d'après les diverses professions dépendantes du même corps d'État, sauf à les répartir, autant que possible, dans les professions analogues, suivant les variations accidentelles et temporaires de la demande du travail. L'aptitude de la plupart des travailleurs à exercer le métier qui touche de près leur métier habituel faciliterait ces mutations utiles pour éviter le chômage. L'entrée de tout travailleur dans l'association serait libre (et l'on conçoit que de par leur intérêt aucun ne voudrait rester en dehors). Elle entraînerait son adhésion aux statuts qui seraient conçus dans un esprit de large solidarité. L'administration de l'association recevrait seule toutes les commandes de travaux, elle enverrait les travailleurs à la journée, au mois, à l'année, elle distribuerait la besogne à faire à domicile. Elle seule aussi toucherait les salaires qu'il faudrait s'efforcer de rendre uniformes en prenant l'heure pour unité de temps. Chaque travailleur recevrait au bureau de l'administration son salaire, sauf une légère retenue versée dans la caisse générale, tant pour amortir les avances du gouvernement que pour secourir les travailleurs sans ouvrage, les malades et les vieillards. Cette retenue subsisterait toujours invariable malgré l'amortissement complet des avances, car elle s'emploierait encore aux frais de direction, d'entretien, d'achat d'instrumens et de matière première, en un mot, à tout ce qui intéresserait la prospérité et le bien-être de l'association. Le noviciat ou apprentissage serait réglé selon la difficulté de la profession, et l'on s'efforcerait de proportionner le nombre des apprentis aux besoins de chaque industrie. Les associations formées par chaque grand corps d'état entretiendraient entre elles aussi des rapports de solidarité ; les plus riches secourraient les plus pauvres avec des fonds de réserve, elles s'entendraient encore pour proportionner les apprentissages aux besoins reconnus dans chaque profession. L'association à laquelle trop de sujets seraient présentés en renverrait à celles qui en manquent. Enfin, ces rapports de solidarité entre les divers corps de travailleurs dans un même lieu pourraient même s'étendre entre les associations semblables ou différentes de toutes les localités. D'après cette légère esquisse d'une idée qu'il serait aisé d'étendre davantage, le lecteur peut découvrir les bénéfices que travailleurs et possesseurs retireraient de sa mise à exécution. Signalons entre autres, pour les premiers, la disparition des entrepreneurs ou vendeurs de travail, ces parasites du salaire, l'économie d'un temps précieux, la rareté des chômages, l'assurance de l'avenir, le mieux-être, etc. ; pour les seconds, le bon marché qu'ils recherchent tant, la modération dans le prix de la main-d'œuvre, puisqu'ils s'adresseraient directement, sans intermédiaires, aux ouvriers associés, lesquels, ne subissant plus d'autre retenue que celle de l'association, pourraient modérer le taux de leur salaire. Observons, en outre, que ces associations favoriseraient l'enrégimentation des travailleurs, au cas où l'on substituerait au régime des armées permanentes un régime en vertu duquel tous les citoyens valides seraient assujétis, à tour de rôle, au service militaire;

ajoutons même que le prolétaire se trouverait dès lors intéressé à protéger une patrie devenue moins marâtre à son égard.

Si cette proposition effraie par l'ampleur d'exécution qu'elle réclame, une autre manière d'organiser le travail industriel se présenterait encore à un gouvernement bien intentionné. En s'appuyant sur ce principe d'éternelle vérité, savoir : que, dans toute société, tout citoyen valide a le droit de vivre en travaillant, que la société qui lui refuse ce droit, non seulement s'expose à ses attaques, mais se rend encore responsable de sa mort ou des crimes auxquels la faim peut l'entraîner. En prenant cette idée pour base de sa nouvelle institution, le gouvernement se chargerait lui-même de placer et occuper tous les travailleurs dépourvus d'ouvrage. Dans toutes les localités, un grand-livre serait ouvert où tout travailleur inoccupé devrait se faire inscrire dans un court délai, à l'expiration duquel il encourrait la peine du délit de vagabondage, s'il ne justifiait d'aucunes ressources. (Cette monstrueuse pénalité acquerrait une raison d'être). Sur ce grand-livre, on inscrirait aussi les commandes de travaux, les demandes d'ouvriers, que les particuliers auraient intérêt d'adresser au bureau de l'administration. Dans un bref délai, à dater de l'inscription des travailleurs, le gouvernement devrait leur répartir le travail demandé, et, à son défaut, les occuper lui-même jusqu'à de nouvelles occasions de placement. Afin d'occuper les ouvriers durant le chômage, il faudrait mettre à leur disposition un certain nombre de travaux de différens genres, exigeant plus ou moins de force ou d'adresse, travaux utiles, de facile et prompte compréhension. Ils toucheraient le même salaire et les bénéfices, après avoir couvert les frais de l'entreprise, tomberaient dans le trésor national. L'ouverture d'ateliers nationaux fermerait les trois quarts des prisons et des hôpitaux, où conduisent surtout l'indigence provenant du défaut d'ouvrage. Elle supprimerait l'aumône publique et privée, laquelle, quoique excessivement chétive, mesquine, insuffisante, en proportion du nombre des indigens, n'en est pas moins, en somme, une lourde charge dont seraient dégrevés l'État et les particuliers. Nous obtiendrions pleinement l'extinction du paupérisme, qu'est bien loin de nous procurer la barbare *interdiction de la mendicité.* A la vérité, l'industrie privée redoute fort la concurrence des ateliers nationaux; comme l'engorgement des produits occasionne déjà la stagnation de l'industrie privée, si l'État fait continuer la production, l'engorgement augmentera : travailleurs et industrie pourront finir par se trouver attirés dans le grand atelier national. Sans dénier la tendance de cette institution vers un pareil résultat, qui compromettrait au plus quelques fortunes particulières dans l'intérêt du grand nombre, observons qu'avant sa réalisation, la concurrence des ateliers nationaux amènerait la baisse des produits utiles, les mettrait à la portée des consommateurs et donnerait à la production privée un nouvel et immense débouché qu'elle ne songe pas à se procurer. En effet, il y a entre la production et la consommation un rapport intime; elles forment un cercle qui ne se peut rompre. La production, mise à la portée du consommateur, sollicite à la production, laquelle, à son tour, sollicite à la consommation, et ainsi de suite. Les produits sont-ils inaccessibles au prolétaire à cause de leur cherté, ou parce qu'il ne gagne pas de quoi les acheter? Il ne mange pas selon sa faim, se loge mal, se couvre de haillons; d'un mot, il consomme le moins possible, et la production, déjà languissante, ne cesse de se ralentir ainsi que la consommation. Qu'au contraire on assure toujours au travailleur l'occasion de gagner un salaire convenable, que la concurrence de l'État abaisse forcément le prix des produits, un large et constant débouché s'ouvrira, dans un plus grand écoulement des produits l'industrie privée trouvera des bénéfices semblables, sinon plus étendus, la consommation de l'ouvrier n'augmentera que pour activer la production, et de cet élan donné devra résulter un mieux-être dont tous auront certainement à s'applaudir.

A toutes ces réformes que nous venons d'émettre, pourrait s'en joindre encore une bien digne d'être prise en considération. Nous la trouvons indiquée dans un article de M. Simon Granger, que nous avons déjà cité précédemment. Après avoir constaté que la France possède près de huit millions d'hectares en biens communaux, environ le septième de la superficie totale du territoire, l'auteur de cet intéressant article propose d'abandonner aux indigens la culture de ces biens qui en sont susceptibles et qu'il évalue pour le moins à quatre millions. Au surplus, laissons-le parler lui-même : « Or, par suite du régime actuel de ces biens, ils restent aujourd'hui en friche et, à peu de chose près, improductifs. Jusqu'à présent, on n'a pas trouvé d'autres moyens d'en tirer parti que de les vendre ou de les amodier à des particuliers. De cette manière, il est vrai, les communes en retirent des sommes quelquefois assez considérables, qui leur permettent de restaurer des églises, de bâtir des maisons communes, de décorer des fontaines, d'établir des ponts, etc., etc. Quelques uns de ces travaux sont utiles, sans doute, mais il n'apportent pas le moindre soulagement aux misères du prolétaire. Ne vaudrait-il pas mieux réserver ces terrains pour assurer quelque aisance aux habitans privés de tout avoir; car le bien-être des individus doit passer avant la commodité des masses? Pour atteindre ce but, il suffirait de considérer les biens communaux comme la propriété des pauvres, et ce serait justice. La commune appellerait tous ces pauvres à les cultiver, et elle leur en abandonnerait entièrement les produits, qui seraient distribués entre eux, en raison du travail de chacun. Au besoin, la commune pourrait prélever, à titre d'impôt et non de rente, une dîme sur le revenu de ces biens, qui, jusque-là, restaient sans profit pour elle. Par ce moyen, le problème de l'extirpation de la mendicité, qui a tant embarrassé les économistes, se trouverait résolu. Les premiers pauvres appelés à la jouissance des biens communaux n'auraient aucun droit d'exclusion à l'égard de ceux qui viendraient après eux; en d'autres termes, il n'y aurait pas de droit de premier occupant. Tout habitant né sans fortune pourrait prendre une part proportionnelle dans le travail et le revenu communs. Dès lors, avec la mendicité, disparaîtraient le lourd impôt des pauvres et l'avilissante aumône. On conviendra que cette manière d'utiliser les propriétés communales est bien préférable à celle qui semble généralement adoptée, sur l'invitation d'un gouvernement peu clairvoyant...

» ... Les riches particuliers devraient seconder les communes dans leurs efforts. Au lieu de faire des dons aux bureaux de bienfaisance, qui les distribuent, sans discernement, à des pauvres souvent serviles et hypocrites ou aux communautés religieuses, qui ne s'en servent jamais que pour satisfaire leur ambition et accroître leur puissance, ceux-ci feraient un bien meilleur usage de leur fortune, en la léguant aux communes, à la condition de la faire exploiter par les mains et au profit de leurs pauvres. »

De tous ces aperçus, qu'il nous a été seulement possible d'ébaucher rapidement, et auxquels l'intelligence de nos lecteurs pourra suppléer, on doit conclure qu'il serait beaucoup plus aisé qu'on ne pense de faire de l'impôt un plus utile emploi, de guérir bien des infirmités de notre état social; qu'il faudrait simplement le vouloir; qu'à la vérité, l'intérêt privé redresse fort la tête et s'y oppose de toutes parts, mais que l'enlacer et l'englober forcément dans l'intérêt général serait peu difficile à un gouvernement qui, au lieu de faire cause commune avec quelques opulens, voudrait bien se rappeler qu'il doit être la personnification, le représentant de tous, du pauvre comme du riche; que sa mission est de dominer, d'envahir l'intérêt individuel, d'étouffer partout l'anarchie, en étendant de plus en plus sa direction, et d'attirer enfin à lui par l'impôt et l'exploitation le plus de richesse possible, pour la faire retomber sur tous en rosée fécondante.

On s'étonnera sans doute de ce que toute notre préoccupation se porte uniquement sur l'intérêt matériel des populations; de ce que nous semblons reléguer leur intérêt moral en arrière et comme sur le second plan. On s'en étonnera, car il est en ce monde deux sortes de gens qui professent et prêchent au peuple la prééminence des intérêts moraux sur les intérêts matériels. Les uns veulent envelopper les esprits des nuages de leurs discours insidieux pour mieux atteindre, à l'aide d'un aveuglement général, un but très matériel vers lequel ils gravitent sans cesse. D'autres, moins nombreux peut-être, obéissant sincèrement à des croyances religieuses ou après les avoir rejetées, demeurant vraiment imbus des idées ascétiques qu'elles renferment, pensent et soutiennent que le besoin le plus pressant du peuple, que ce dont il manque d'abord et avant tout, c'est d'avoir plus de religion ou de moralité, que le religioser ou le moraliser est le premier pas à faire pour améliorer sa condition. Notons qu'heureusement pour ces chauds partisans des intérêts spirituels ou moraux, leur vie privée est une perpétuelle contradiction de leur langage. Ces adversaires de la chair ne le sont guère de la leur ; ils les fait ordinairement bon voir ; ils ont bonne mine pour la plupart ; ils ne se revêtent pas de bure, ni ne prennent le cilice, ni ne se flagellent pour combattre les tentations charnelles, ni ne vivent de racines et d'eau simple. Tout au contraire, probablement afin de fortifier leur haine contre elle, ils s'entourent de cette *vile matière* sous toutes les formes utiles et attrayantes qu'elle peut recevoir de l'art et de l'industrie. Ils ne dédaignent ni fêtes, ni spectacles ni plaisirs. Faut-il le dire ? C'est surtout après un bon repas au milieu de tout le comfort de la vie sensuelle qu'ils écrivent ou parlent avec le plus de chaleur contre les tendances du siècle vers les intérêts matériels ; c'est surtout après avoir puisé dans *la matière immonde* un surcroît d'animation qu'ils se déchaînent contre elle et s'élancent dans les régions inconnues de la spiritualité.

Quoi qu'il en soit, voici leur manière la plus calme et la plus nette d'exprimer leur pensée sur ce sujet. Nous tirons encore cette citation du discours fait par

M. le député Garnier-Pagès à ses électeurs de Verneuil ; on ne verra pas, sans la déplorer, une erreur aussi grave émaner d'un personnage qui affiche le libéralisme et auquel sa position de législateur et d'homme public devrait plus spécialement suggérer des idées saines et positives : « Le but que nous voulons tous atteindre, s'écrie-t-il, qui nous est commun à tous, c'est l'amélioration morale et matérielle de l'humanité, et remarquez que je place l'amélioration matérielle au second rang : *car ce qu'il faut avant tout, c'est l'amélioration morale.* » (Extrait du *National*, n° du 25 septembre 1845.) Ce n'est par ici le lieu de rechercher : d'où vient et sur quoi se fonde la division de la réalité en esprit et matière, en quoi consiste la supériorité de l'esprit sur la matière, supériorité dont l'on déduit la prééminence des intérêts spirituels ou moraux sur les intérêts matériels ? Pourquoi ces derniers sont, dans le discours du moins, considérés comme subalternes et même méprisables ? Si cette distinction se trouve dans la nature des choses, ou si elle n'est que le produit de mystiques divagations exploitées ensuite par les habiles ? Admettons sans aucune réserve, que le moral a, quant à l'excellence de sa nature, une haute suprématie sur le matériel. Admettons qu'aux intérêts matériels s'attache un degré de perfection bien inférieur à celui que présentent les intérêts spirituels ou moraux. Mais en attribuant la primauté en ordre d'importance à ces derniers, il faut nécessairement accorder aux intérêts matériels la primauté en ordre de temps ou de rang. La physiologie, aussi bien que l'expérience journalière, ne nous apprend-elle pas que les intérêts matériels sont ceux qui demandent à être les premiers satisfaits, que leur pleine satisfaction est la condition essentielle de l'exercice des facultés morales qui jouent dans l'existence de l'économie un rôle secondaire? N'est-ce pas à la grande justification de cette vérité que tous les jours on répète : *C'est dans les classes aisées qu'il y le plus de moralité?* N'envisage-t-on pas dès lors celle-ci comme la conséquence, la résultante du bien être procuré par l'aisance, ou de la satisfaction des intérêts matériels? La saine logique ne nous dit-elle pas que la même aisance, la même satisfaction, dévolue en partage aux classes non aisées, amènerait chez elles un effet identique, une moralité semblable? Combien ils sont donc loin de la vérité et même beaucoup de la bonne foi, ces moraliseurs qui, voyant le peuple accablé par un grand travail, mal vêtu, mal nourri et logé, souffrant le chaud et le froid, s'agitant, se débattant contre sa misère jusqu'au tombeau qui, ô dérision amère! répondent à ses plaintes qu'il a besoin d'abord et avant tout d'être catéchisé et moralisé! Pensent-ils que des prédications serviront à alléger le poids de son labeur, à le nourrir, loger et vêtir mieux? S'ils ne le pensent pas, espérent-ils au moins produire sur son moral quelques effets salutaires et durables, quand le besoin instigateur est toujours là, faisant voler en éclats tous les beaux préceptes, dissipant bien vite les légères impressions de paroles qu'il vient démentir? Ne les verrons-nous enfin jamais avoir le bon sens ou la franchise de proclamer l'antériorité, sinon la supériorité des intérêts matériels sur les intérêts spirituels ou moraux? Ne les verrons-nous jamais reconnaître que pour travailler sérieusement et avec fruit à l'amélioration morale de l'humanité, il faut d'abord et avant tout travailler à son amélioration matérielle?

Cependant, qu'on y prenne garde! Le passé est là

pour nous apprendre ce qu'il faut penser du présent et de l'avenir très prochain qui se prépare.

Lorsque la féodalité étreignait l'Europe de son réseau de fer, trois classes de personnes se trouvaient nettement dessinées. Les nobles ou seigneurs possédant presque toute la richesse sociale, régnaient en vrais despotes coalisés sur les populations. Secondés par le prêtre, leur précieux auxiliaire qui, au nom de la religion, prêchait au peuple le respect de leurs priviléges, toujours prêts eux-mêmes à défendre, par la force des armes, ce qu'elle leur avait déjà procuré et ce qu'ils appelaient leurs droits, ils menaient une vie chevaleresque, une vie de fêtes et de plaisirs dans leurs châteaux-forts, entourés de murs crénelés et flanqués de donjons menaçans. Néanmoins, au sein des villes et des communes se formait insensiblement un groupe de marchands, financiers, courtiers, gens de loi et de tous ceux enfin qui, par leur industrie, savaient attirer dans leur caisse la richesse du noble convertie en espèces monnayées. Forts de leurs écus, ils travaillaient constamment à se rendre les seuls maîtres de la commune et à s'affranchir du joug des seigneurs, dont ils jalousaient même la haute et avantageuse condition. Cette classe était celle des bourgeois, fort chagrins de leur état roturier. La troisième classe, la plus nombreuse, formant les assises de tout cet édifice social, comprenait la masse d'artisans vivant dans les villes et enchâssés dans des corporations aussi tyranniques que les maîres; la masse des campagnards, pauvres serfs attachés à la glèbe, et comme elle propriété des seigneurs. Courbés sous un travail pénible, ces manans et vilains rampaient devant les deux premières classes, sans oser, même quand il y eussent songé, jeter furtivement le moindre regard de convoitise sur les richesses et les bienheureuses prérogatives de leurs supérieurs.

Un jour enfin, la bourgeoisie, puissante à la fois par ses lumières et par sa richesse financière sinon territoriale, a exécuté le grand œuvre qu'elle avait si longtemps rêvé : la dépossession, à son profit, de la noblesse et du clergé. Tout le monde a encore présent à la mémoire cette époque fameuse de 89, où la bourgeoisie, s'aidant de la troisième classe, alors instrument inerte et maniable à volonté, se rua tout à coup sur la première et ne quitta ce combat sanglant qu'après avoir pris, en définitive une grande part de sa dépouille. Nul n'a oublié comment châteaux-forts, églises, couvens, priviléges battus en brèche et démantelés de toutes parts, cédèrent et tombèrent aux pieds des vainqueurs, qui en recueillirent ce dont ils voulaient ensuite faire usage pour leur propre compte. Longue tourmente qui dura des années, qui fut suivie de révolutions successives et dont naguère nous ressentions encore la secousse ! Car les peuples ressemblent à l'Océan, leurs agitations profondes entraînent toujours après elles des fluctuations prolongées ; le gros de la tempête passé, la vague roule encore redoutable du sein des mers sur la plage, et de la plage ou sur des mers.

Maintenant la bourgeoisie absorbe en elle la noblesse, ou, si l'on préfère, se confond avec elle et marche son égale, puisque le privilége de la naissance, qui les différenciait, a disparu, puisqu'elles ont toutes deux le seul et même privilége qui ait échappé du naufrage : celui de la richesse. Mais, uniquement occupée à jouir du lendemain de la victoire, elle semble s'étourdir et s'aveugler sur la solidité de sa position dominatrice. Elle se trouve à présent seule en face de cette troisième classe, qui a monté au second rang, pendant qu'elle montait au premier. De sorte que, par suite des événemens et des nouveaux principes sociaux, la nation se divise tout simplement en deux grandes classes, comme nous l'avons dit plus haut : la classe des bourgeois, ou des possesseurs, ou des riches, et celle des prolétaires, ou des non possesseurs, ou des pauvres, nouvelle dénomination de ceux qu'on appelait autrefois vilains et manans. Or, cette dernière, à part plusieurs différences secondaires, est placée vis-à-vis la bourgeoisie comme celle-ci, avant 89, était placée vis-à-vis la noblesse. La classe bourgeoise, qui n'a plus à flatter celle des prolétaires, a beau lui décerner par mépris le nom de *peuple*; loin d'en rester humiliée, celle-ci s'en glorifie, et même, sous ce titre, ne vise rien moins qu'à la souveraineté. On n'apprécie pas selon sa juste valeur tout le critique de cette situation, on s'abandonne à cette joie, à cette confiance si présomptueuses qu'inspire ordinairement le triomphe; et pourtant, à bien réfléchir, qui oserait nous assurer que le prolétariat ne se jettera pas un jour sur la bourgeoisie, pour lui ravir son privilége de la richesse, comme celle-ci a ravi à la noblesse son privilége de la naissance? Sera-ce l'exemple qui lui fera défaut? Les forteresses, les baïonnettes derrière lesquelles la bourgeoisie s'abrite néanmoins, elle et ses priviléges, lui résisteront-elles plus que les bastilles des châteaux féodeaux et les tours crénelées n'ont résisté à cette même bourgeoisie? Qui oserait nous l'assurer? Des esprits pénétrans présagent, au contraire, l'arrivée d'un fait semblable. Selon eux, la guerre qui vient d'être livrée à la féodalité et à la noblesse doit, en un temps à venir, être livrée pareillement à la propriété et à la richesse. C'est l'infaillible résultat, peut-être même le terme du développement progressif de nos principes sociaux. Mais une considération les tranquillise; ils croient l'apercevoir dans un vague lointain; le nouveau système qui commence doit, d'après eux, avoir aussi longue vie que celui de la féodalité, et plusieurs siècles s'écouleront encore avant que l'on entende sonner l'heure fatale. Il est fort à craindre que ce soit là une illusion d'autant plus dangereuse qu'elle est mère d'insouciance. Une telle comparaison ne saurait être établie entre deux époques si différentes. Au dix-neuvième siècle, les choses vont plus vite. Rapprochez un peu du sommeil léthargique où les populations étaient plongées au moyen-âge notre exubérante vitalité, qu'une série de grands faits révèle! Que d'événemens! que d'essais! que d'expérience acquise en peu d'années! La féodalité détruite! la monarchie absolue frappée mortellement! le gouvernement représentatif ridiculisé! la république démasquée et convaincue d'aristocratie par le socialisme envahissant! Que de prestiges tombés! Qu'est devenue la religion? Quelques intérêts qui s'y rattachent encore, la pratique des cérémonies perpétuée par la seule force d'un aveugle usage, voilà tout ce qu'il en reste; et la foi, cette foi qui ranimait ou bridait les volontés, elle n'est plus! elle est à jamais éteinte! L'imprimerie, cette nouvelle force motrice, accroît l'impulsion donnée : grâce à cette belle découverte, l'instruction se répand dans le peuple, en dépit des entraves. Mettant à profit ce qu'on se trouve forcé de lui apprendre, il examine tout à présent; il juge, il calcule : et qui se flatterait de maîtriser l'intelligence une fois éveillée? D'autre part, la loi d'appropriation, qui domine toutes les institutions, continue à dérouler journellument ses sinistres conséquences ; la concentration des fortunes en quelques mains; la puissance croissante du capital, qui aspire à gouverner le monde ; la dissolution de la famille, à laquelle l'individualisme est substitué ; l'extension désespérante du paupérisme ; partout enfin un désordre général, symptôme du principe de mort, qui mine, consume, désorganise le corps social. Enfin, à l'horizon obscurci paraît le socialisme, brillant météore dont la vive clarté attire l'attention des esprits. On croirait y voir l'élément d'une foi nouvelle, qui va remplacer les autres croyances évanouies et régénérer nos vieilles sociétés.

Qu'on y prenne garde, encore une fois : la pente est glissante; il n'est plus permis de s'y méprendre, à moins qu'on ait déjà les yeux voilés par le bandeau du vertige. Hâtons-nous de nous enquérir où conduisent les ornières dans lesquelles nous marchons, si par malheur l'humanité ne serait pas fourvoyée. Il sera trop tard peut-être quand, frappés d'une soudaine terreur, nous voudrons enrayer au bord de l'abîme et déserter la fausse route. Songeons-y, pendant qu'il en est temps encore ; quittons cette autre idée qui nous fascine, abjurons l'erreur de croire que nous sommes en pleine voie de *civilisation.* Assez long-temps des chemins de fer, du gaz et autres merveilles enfantées par l'industrie sous le souffle de la science, de musées, des édifices, des spectacles, des joyaux, des fastueux hôtels, de superbes équipages, des fêtes somptueuses que se donnent les riches, nous ont fait proclamer qu'une ère de prospérités infinies venait de commencer pour tout le monde ; assez long-temps nous nous sommes laissé prendre au mirage de cette séduisante illusion. Et pourtant, ne le voyons-nous pas? tous ces avantages que le mot de civilisation résume et généralise avec tant d'emphase ne sont que le partage exclusif de quelques privilégiés, et la multitude, malgré tout cet éclat trompeur, n'en continue pas moins toujours, comme il y a des siècles, à traverser, courbée sous un excessif labeur, dans les tortures et les privations, ce temps plus ou moins court qui sépare son berceau de sa tombe ; la multitude n'en continue pas moins, comme par le passé, à naître, grandir pour souffrir et terminer sa misère sur la paille de quelque réduit ou à l'hôpital ! Triste contraste ! qui devrait nous apprendre à connaître la juste valeur de notre prétendue civilisation, et nous montrer qu'elle ne diffère guère de ces antiques civilisations, enfouies aujourd'hui sous la poussière des âges ! Comment pourrait-elle espérer une plus longue durée, tant qu'elle renfermera dans ses flancs le même principe morbide : la révoltante disproportion des conditions, l'extrême opulence et l'extrême pauvreté ? L'inégalité entre les citoyens n'est-elle pas l'unique cause des révolutions qui déchirent les États et finissent par consommer leur ruine, soit qu'ils se détruisent eux-mêmes, soit que l'étranger profite de leur faiblesse pour les détruire ? Ouvrez plutôt l'histoire, et voyez si chaque page ne vous dit pas que tôt ou tard la lutte éclate toujours entre le privilége et ceux qui en souffrent? Ah ! défions-nous des oripeaux décevans d'une soi-disant civilisation qui recèle en son sein tant de souffrances présentes et tant de désastres à venir ! Il est des terres volcaniques qui se revêtent aussi d'un tapis éclatant ; la verdure et les fleurs y croissent grandes et belles; et pourtant malheur aux imprudens qui croient s'y reposer en paix!... Ils s'exposent au plus affreux réveil!!...

BIBLIOTHEQUE ROYALE
I

FIN.

Pour paraître prochainement :

LE

RÈGNE DE L'ARGENT

PAR

L'AUTEUR DE *QUI PAIE L'IMPOT*?

Quel siècle, plus que le nôtre, accor jamais à l'argent un pouvoir absolu, un empire sans bornes? En quel temps vit-on jamais ce métal devenir autant qu'à présent le souverain principe, l'unique ressort de la vie individuelle et publique? Lois, mœurs, sentimens, institutions, il n'est rien au monde que l'argent ne domine et ne gouverne de son sceptre irrésistible. Pouvait-on envisager notre époque sous un plus remarquable point de vue? Montrer à tous l'intronisation de l'argent, le culte empressé qui lui est rendu, les abus de sa toute-puissance, est-il un sujet plus piquant, plus digne d'intérêt? Voila pourtant ce que notre auteur s'efforce de reproduire en cette nouvelle publication. Ce n'est plus ici une discussion scientifique au ton mesuré, mais une peinture vive, animée, ou de nombreux faits, épârs dans la vie, se trouvent pressés et réunis en un seul cadre. Néanmoins, à travers cette chaleureuse et énergique exposition, les lecteurs rencontreront toujours cette même vértté d'observation qu'ils auront sans doute appréciée dans l'ouvrage précédent.

PUBLICATIONS EN VENTE,

CHEZ Mme Htte PETIT-DIDIER, ÉDITEUR,

RUE DE L'ÉCOLE-DE-MÉDECINE, 4.

L'ÉVANGILE DEVANT LE SIÈCLE, examen historique des doctrines du christianisme; par SIMON GRANGER. — Ce précieux travail aborde les questions les plus intéressantes de l'ordre social. Il offre un tableau vivant des croyances, des mœurs et des événemens qui se rapportent aux diverses phases du christianisme, pénétrant ains le secret de toutes les institutions religieuses. C'est assurément l'une des publications les plus remarquables de notre époque. — *L'Évangile devant le siècle*, tiré à 4,000 exemplaires, est presque épuisé. Il n'en reste plus qu'un petit nombre d'exemplaires.

L'ÉGLISE ET LE POUVOIR; par LE MÊME. — Le précédent ouvrage, de M. SIMON GRANGER, avait principalement pour objet d'exposer les principes du christianisme sur la charité, les bonnes mœurs et le dogme : l*Église et le pouvoir* qui vient de paraître, complète cette œuvre en faisant voir l'application de ces principes dans la société des premiers fidèles, en traitant spécialement des pratiques chrétiennes et de l'exercice de l'autorité. Cette courte indication suffira pour faire apprécier le mérite particulier du nouveau travail de notre savant auteur.

ACCORD DES INTÉRÊTS DANS L'ASSOCIATION, par VILLEGARDELLE. — Cet écrit résume, avec une éloquente lucidité, les questions importantes traitées par les socialistes anciens et modernes, et contient, en outre, un plan ingénieux d'association. On peut voir l'éloge qui a été fait du travail de M. Villegardelle dans la *Revae de Paris* (nº du 23 juillet 1844), le *Corsaire* (nº du 10 juillet), la *Revue indépendante* (nº du 25 juillet), et la *Réforme* (nº du 25 septembre).

HISTOIRE DES IDÉES SOCIALES avant la révolution française, ou les socialistes msdernes devancés et dépassés par les anciens penseurs et philosophes, avec textes à l'appui ; par LE MÊME. Ce nouvel ouvrage, qui lermine et complète les travaux socialistes de M. Vtllegardelle, contient vraiment, comme le dit ingénieusement l'écrivain dans son éloquente introduction, le récit des aventures intellectuellos du genre humain.

QU'EST-CE QUE LA PROPRIÉTÉ? ou RECHERCHES SUR LE PRINCIPE DU DROIT ET DU GOUVERNEMENT; per P.-J. PROUDHON. — On se rappelle combien ce mémoire, lors de sa première apparition, a fait sensation parmi les hommes politiques, les économistes et les socialistes. Il a eu les honneurs de la traduction en Allemagne et en Angleterre.

Paris. — Imprimerie de BOULÉ, rue Coq-Héron, 3.

www.ingramcontent.com/pod-product-compliance
Ingram Content Group UK Ltd.
Pitfield, Milton Keynes, MK11 3LW, UK
UKHW021047230726
13926UKWH00004B/1689